轮机工程专业教学建设
与改革研究

田海涛　吴晓阳　著

俞伟强　况　敏　主审

东北大学出版社

·沈　阳·

图书在版编目（CIP）数据

轮机工程专业教学建设与改革研究／田海涛，吴晓
阳著. -- 沈阳：东北大学出版社，2025. 1. -- ISBN
978-7-5517-3718-0

Ⅰ. U676. 4

中国国家版本馆 CIP 数据核字第 202530944Y 号

出　版　者：东北大学出版社
　　　　　　地址：沈阳市和平区文化路三号巷 11 号
　　　　　　邮编：110819
　　　　　　电话：024-83683655（总编室）
　　　　　　　　　024-83687331（营销部）
　　　　　　网址：http://press.neu.edu.cn
印　刷　者：辽宁一诺广告印务有限公司
发　行　者：东北大学出版社
幅面尺寸：170 mm×240 mm
印　　张：9. 5
字　　数：171 千字
出版时间：2025 年 1 月第 1 版
印刷时间：2025 年 1 月第 1 次印刷
责任编辑：潘佳宁
责任校对：杨　坤
封面设计：潘正一
责任出版：初　茗

ISBN 978-7-5517-3718-0　　　　　　　　定　价：68. 00 元

前　言

本书立足教育强国大背景下，基于轮机工程专业，从人才培养模式改革优化、教学模式创新实践、信息化教学改革与建设、课程思政创新与实施以及相关课程建设刍议五个部分，对轮机工程专业教学进行多方位探究，以期循序提升课堂教学质效和育人成效。

全文共五章。第一章，人才培养模式改革优化，主要对人才培养模式进行了探究；第二章，教学模式创新实践，包括"参差学习体"双驱动教学模式创新性实践、嵌入"打怪通关"的 BOPPPS 新型教学模式构建与实施、"知识串学、补识助能"教学模式、情景贯穿式教学模式搭建与应用、契合课程特征的多样式虚实一体教学模式等内容；第三章，信息化教学改革与建设，包括运用信息化技术打造趣味性理论课堂、运用信息化技术打造高质量实践课程、数字技术赋能装备教学质效提升、轮机模拟器的建设应用、打造轮机工程专业教室等内容；第四章，课程思政创新与实施，主要对推动课程思政高质量建设、正能量歌曲嵌入课程思政有益尝试、拟人化表述促进课程思政隐形化教育探索、海洋诗词在轮机工程专业教学中的应用、军旅诗歌融入课程思政创新性实践、中医文化巧妙融入课程思政研探、战斗精神融入轮机工程专业教学路径、海洋新兴领域下新质战斗力理论融入课程思政等内容进行探究；第五章，相关课程建设刍议，列举了"船舶电气设备及系统""船舶柴油机""船舶辅机""船舶柴油机维修""轮机概论""船舶动力装置"等课程的改革与建设示例。

田海涛撰写了第一章第一节，第二章，第三章，第四章和第五章第一节、第二节、第四节、第五节，吴晓阳撰写了第一章第二节和第五章第三节、第六节。本书的出版得到了"武警部队高层次科技创新人才工程"基金的资助。在本书撰写过程中，承蒙多位专家的热情帮助和大力支持，在此，对本书出版过程中提供帮助的人员和书籍资料的作者，一并表示诚挚的感谢。本书虽然基于轮机工程专业进行教学改革探究，但相关改革举措和经验可为理学、工学类专业课程提供直接参考和有益借鉴。由于作者水平有限，且部分为一家之言，书中不足之处恳请批评指正。

田海涛

2025 年 1 月

目 录

第一章　人才培养模式改革优化

◆◇ 第一节　轮机工程专业认知

我国是海洋大国，"欲国家富强，不可置海洋于不顾；财富取之于海，危险亦来自海上"。海洋蕴藏着人类可持续发展的宝贵财富，是世界各国推动经济社会发展、参与国际竞争的战略要地。轮机工程专业培养的是执掌船舶动力、实施机械设备维护管理、保障船舶安全航行的专业人才，在海洋强国建设中担负着重要责任。因此，开展轮机工程专业教学建设与改革实践，不仅是当下之需，更是时代之需，确保培养造就大批德才兼备的高素质人才。

一、认识轮机工程专业

船舶轮机是为了满足船舶航行、各种作业和船员生活等需要而设置的全部机械、电力、电子设备和系统的总称。

轮机工程专业主要是学习轮机设备和系统的工作原理、操作规范、维护管理、设计制造和科研开发等内容，涉及数学、物理、化学、机械、电力电子、力学、热学等基础知识和柴油机、发电机、流体机械、液压机械、锅炉、电气系统、控制系统等专业知识。通过理论学习与实践操作，学生逐步掌握轮机工程技术和船舶机电设备的维护与管理方法，以胜任岗位职责。

二、轮机工程专业发展历史

1963 年，根据发布的《高等学校通用专业目录》，轮机管理为工学运输类。

1989 年，根据发布的《普通高等学校本科专业目录及简介》，轮机管理为工学运输类。

1998 年，经全国普通高等学校本科专业目录修订和调整，原轮机管理更名为轮机工程。

2012 年，根据发布的《普通高等学校本科专业目录（2012 年）》，轮机工程专业编号发生更改。

2020 年，根据发布的《普通高等学校本科专业目录（2020 年版）》，轮机工程为工学专业，属交通运输类。

◆ 第二节　轮机工程专业人才培养模式改革优化

一、人才培养模式的定义

对于"人才培养模式"这个概念，目前，一般认为是为实现培养目标而采取的培养过程的构造模式和运行方式，它主要包括专业设置、课程模式、教学设计和教育方法等构成要素。它是指在一定的现代教育理论、教育思想指导下，按照特定的培养目标和人才规格，以相对稳定的教学内容和课程体系、管理制度和评估方式，实施人才教育过程的总和。

人才培养模式具体可以包括四层含义：一是培养目标和规格；二是为实现一定的培养目标和规格的整个教育过程；三是为实现这一过程的一整套管理和评估制度；四是与之匹配的科学的教学方法和手段（见图 1-1）。

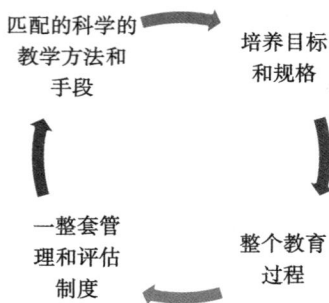

图 1-1　人才培养模式的具体含义

二、轮机工程专业人才培养模式

（一）人才的培养目标和规格

轮机工程专业人才培养的目标是培养德、智、体、美、劳全面发展，具有扎实的基础知识、较强的专业技术和业务能力、良好的管理素质以及一定的创新能力，适应船舶行业发展和工作需要，能够履行机电设备使用管理、维护保养、故障维修的应用型本科人才。具体表现如下。

1. 思想政治方面

坚定中国特色社会主义信念，树立正确的世界观、人生观和价值观，培育和践行社会主义核心价值观，提升法治素养，树立社会主义法治理念。

2. 科学文化方面

具备较扎实的自然科学基础和相应的人文社会科学、管理科学知识，具有较强的语言文字表达能力、计算机应用和外语综合应用能力；掌握科学的思维方法，养成严谨求实的科学态度和追求真理的科学精神；具有较强的创新意识和独立获取知识的能力，具备一定的分析问题和解决问题的能力。

3. 专业技能方面

系统掌握本专业必备的基础理论和基本知识；掌握船舶柴油机动力工程、船舶电气工程和船舶工程等基础知识；具有轮机设备使用管理与维护保养的基本技能和船舶动力保障的能力；具有轮机设备管理和人员管理的基本能力；能够适应行业发展和岗位转换的需要，具备初步的学术科研工作能力。

4. 职业素养方面

具有较强的身体素质，形成勇敢顽强、坚韧不拔的工作作风，具备较好的团结协作和沟通能力，具有一定的自主学习和终身学习的能力。

（二）人才培养方案

轮机工程专业的人才培养方案发挥了航海类院校"全时空、全方位、立体化"培养育人优势，把课内与课外、院内与院外、学校与企业、教学与训练、管理与教育的全过程纳入人才培养方案，建立由一个主体方案和五个辅助方案（简称"1+5"）组成的本科专业人才培养方案，实现人才培养目标（见图1-2）。

1. 人才培养主体方案

主体方案主要包括课程教学和综合实践教学环节。课程教学分为必修课和选修课，综合实践教学环节包括入学教育训练、认识实习、金工实习、外语强

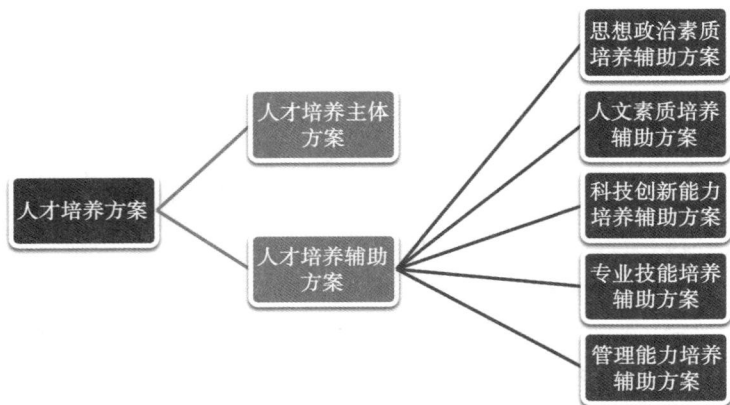

图 1-2　本科专业人才培养方案示意图

化训练、课程实习、毕业实习和毕业论文撰写。

主体方案涵盖人才培养的主要教学活动，是学生知识、能力、素质等培养规格生成的主要渠道，对本专业人才培养目标的实现起主导作用。

2. 人才培养辅助方案

辅助方案是为了增强学生综合素质而设置的系列辅助教育教学活动计划，是拓展学生能力生成的辅助渠道，由"思想政治素质培养辅助方案"、"人文素质培养辅助方案"、"科技创新能力培养辅助方案"、"专业技能培养辅助方案"和"管理能力培养辅助方案"五部分组成。

辅助方案是为充分发挥院校办学体制优势，最大限度利用学院、社会、企业等各种优质教育教学资源，实现教育、管理、服务、环境等整体育人的关键环节，是主体方案的拓展与补充。

三、优化分析

（一）人才培养目标的优化

轮机工程专业人才培养不但要适应船舶行业发展的需要，也要面向国际航运市场，因此对综合素质的要求更高。随着船舶与海洋工程领域的不断发展，面对的情况将更加复杂。因此对处置突发事件、安全自救的能力要求更高。因此，在人才培养目标上需要进行一定的优化调整。

（二）人才培养方案的优化

轮机工程专业的人才培养方案执行情况应当进行定期评估，在教师配备和教学设施、教学管理、教学质量监控、毕业论文工作等方面开展建设，保证教学目标的实现和培养方案的落实。为了更好地满足人才培养目标的要求，需要在课时安排、课程安排、实践教学等方面进行优化。

1. 课时安排的优化

在学期课时的安排上，存在分布不均、课时偏多等问题，再加上训练等必不可少的活动，导致有些学期的课表安排经常出现一天6节课甚至8节课的情况，需经过优化调整。

2. 课程安排的优化

人才培养方案在课程安排顺序上还可以进一步优化，以使课程教学更加科学合理。比如，轮机英语课程放在专业课结束以后的第八学期进行，有了专业基础后，学生学习轮机英语将会更加轻松，效果也比较好。选修课的课程库可以进一步充实，增加选修课的数量，让学生具有更大的选择余地。可增加书法艺术、诗歌朗诵、舞蹈乐器等实践性较强的人文课程，适当增加实操类的选修课程。启动学生对选修课教学质量的评价机制，建立选修课程动态数据库，保持常态更新。

3. 实践教学方面的优化

实践教学体系是轮机工程专业的主要特色之一，其主要内容有入学教育训练、认识实习、金工实习、课程实习、毕业实习、毕业论文等，涵盖了学生培养的全过程。依托校内专业实验室、实习工厂、校内实习基地以及校外实习基地等条件，保证学生所有的专业技能全方位融入实践中，极大地增强了学生适应船舶轮机岗位的能力。

主要优化方向：一是充分发挥实习工厂的作用。校内实习工厂是轮机工程专业的亮点之一，下一步应当从规章制度的建设上，明确实习工厂服务教学的基本制度，使实习工厂的作用达到最大化。二是适当增加实践课时量。实践学时可以适当增加，主要用于毕业实习环节。三是探索如何保障实习效果。按照人才培养目标的要求，要培养出复合型应用型的高素质人才，实习是一个十分重要的环节，需在实习效果上下功夫，在强化实际上下功夫。四是完善毕业论文环节。制定详细的毕业论文工作标准，优化毕业论文工作方案，进一步扩大选题范围和来源，拓宽思路。五是加大实验室建设力度，更新实验室设备，避免发生教学内容和船舶实际不够贴合的现象。

（三）师资队伍的优化

人才培养离不开一支高素质的师资队伍。一是优化学历结构。博士生的引进力度还需进一步加大，进一步提升高学历教师的比例。二是加强学科带头人的培养。轮机工程专业的学科带头人数量不够多，后备力量不够强，各级教学名师、知名专家相对较少，除了引进名师之外，应加大中青年教师的培养力度。三是教师的实践教学能力还需进一步增强。尤其是具有实船大管轮以上经验的教师数量不够多，应加大具有"双证"的教师引进和培养力度。四是整体科研能力还需进一步提升。需更加重视科研团队的建设，尝试设立研究所，组建专业科研队伍。

（四）课程建设的优化

双语课程建设覆盖更多课程，进一步覆盖轮机、安全等方向的专业课。建设 2~3 门精品视频公开课，提高课程建设的质量和标准。充分发挥平台共建的作用，打造一批核心精品课程。基础课和专业基础课等选用教育部推荐的优秀或者获奖教材以及学科领域公认的高水平教材，专业课按要求使用行业规划教材或者自编特色教材。

（五）教学管理的优化

一是进一步加强组织领导，建立科学合理的议教制度，发挥教学质量管理领导小组作用，全面负责轮机工程专业教学过程管理和质量监控。二是进一步完善"试讲制度""教学督导制度""教师考评实施办法"等规章制度，明确各个教学环节的要求，规范整个教学过程的秩序。三是优化完善各个教学环节质量监控机制，制定质量监控与教学督导计划，坚持日常监控与周期性检查相结合，专项评估与综合评价相结合，定性评价与定量评价相结合，落实定期教学例会、教学形势分析会、专项教学工作会议和专项检查、教学座谈会、专家与同行听课、学生评教、课程考核评估、实习教学检查、毕业生信息跟踪调查等方式对教学质量全程监控。

轮机工程专业人才培养模式的优化实际上是教育资源的综合利用和整体优化，从专业设置、培养目标、人才培养方案、师资队伍建设、教学管理等一系列环节进行了优化分析，提出了一系列的优化措施和实施办法，对提高轮机工程专业人才的培养质量具有良好的指导作用。

第二章 教学模式创新实践

◆◆ 第一节 "参差学习体" 双驱动教学模式创新性实践

课堂虽小，却是教学的广阔天地。在教学过程中，自始至终追求的都是构建学为主体、教为主导的活力课堂，充分发挥教师的主导作用，为完成学为主体的目标服务，推动学生走到教学中心，成为课堂的真正的主人。

一、"参差学习体" 双驱动教学模式概念

"参差学习体" 双驱动教学模式的示意图如图 2-1 所示。

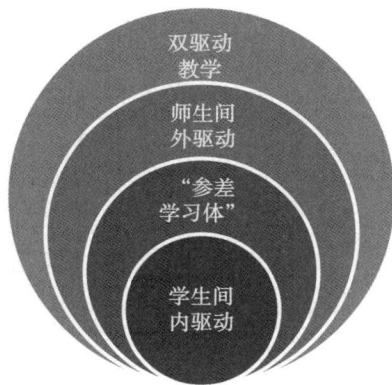

图 2-1 "参差学习体" 双驱动教学模式示意图

所谓"参差"，是针对学生的学习能力和学习经历而言的，轮机工程专业学生来自四面八方、天南海北等不同的地域，学习环境、教育基础、成长经历千差万别，加之每个人生性不同、个体差异，因此，学习能力呈现出强弱不一

的态势。在学习经历方面，有的学生来自沿海地区，自幼接触海洋与船舶，甚至有的学生家中就有渔船，以捕鱼为生，在耳濡目染中，这部分学生对海洋的热爱，会从感受层面上升到知识和学习层面；有的学生来自内陆地区，几乎没有涉海经历，专业基础薄弱，在学习过程中会逐渐变得被动和吃力；有的学生逻辑能力强、空间想象力好，学习相对轻松。

打造"参差学习体"即是按照学生的学习能力和学习经历进行异质分组，通常将班级成员分成3~5组，每组7~10人，组员与组员之间的学习能力和学习经历形成梯度，组与组之间学习实力相当。在轮机工程专业教学中，依托"参差学习体"，开展由学生与学生间的内驱动，以及教师与学生间的外驱动组成的双驱动教学模式。既以"参差学习体"为独立单元，组员间开展帮扶学习，激发学生的自学能力；又以"参差学习体"为对比单元，通过教师适时引导，在不同组之间营造"比学赶帮超"浓厚氛围，双轮并驱，一体推动轮机工程专业教学取得突破性进展。（见图2-2）

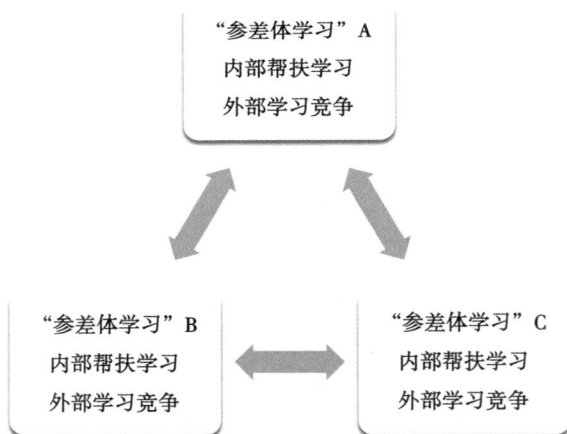

图 2-2 "参差体学习"双驱动教学模式流程图

二、"参差学习体"的独特优势

在"参差学习体"内部，每个组员的学习能力和学习经历不同，这也为异质分组创造了条件。每个"参差学习体"均匀分配学习能力强、动手能力强、专业基础扎实、学习能力弱、整体成绩差等多种类型学生，其间形成学习能力和学习经历梯度。在教学过程中，遇到学习难点、困点，学生可以先行在

"参差学习体"内部寻求帮助，教师辅以指导，达到高效解忧除惑的目的，动态形成以强携弱、以弱促强、优势互补、整体提升的学习局面。

三、打造高质量"参差学习体"双驱动教学模式的前提条件和保障措施

"参差学习体"双驱动教学模式的前提条件和保障措施如图 2-3 所示。

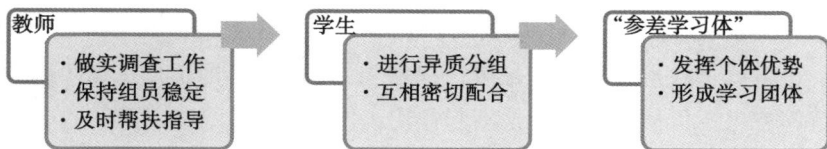

图 2-3 "参差学习体"双驱动教学模式的前提条件和保障措施

（一）做实调查工作

没有调查，就没有发言权。调查研究是打造高质量"参差学习体"双驱动教学模式的重要前提，是摸清学生真实情况的关键方法。新学期开始前，教师要深入到学生群体，在个别谈心、集体座谈的基础上，辅以微信、电话和短信交流，既可以是问卷调查，也可以是拉家常、聊兴趣、谈爱好等形式进行。既要有线下热烈活泼的宽松氛围，也要有线上保护学生隐私的独立空间，全面摸透学生的学习能力和学习经历等真实情况，掌握第一手资料，为科学划分"参差学习体"打牢基础。

（二）保持组员稳定

"参差学习体"一旦形成，应尽量保持其内部组员稳定，切勿内部成员三天一小变，五天一大调，导致学生之间还未熟悉，又要重新互相融入。"参差学习体"组员之间从不同的学习个体到目标一致的学习整体需要一个融合过程，频繁调整组员会整体削弱学生之间的密切配合程度，破坏高效学习的合作关系，大幅降低"参差学习体"功能发挥。因此，教师要具备一双"火眼金睛"。在"参差学习体"开展学习期间，密切关注组员之间情感的微妙变化，对组员之间良性的小摩擦、小争吵，要及时进行谈心疏导，对组员之间恶性的冲突与排挤，教师要第一时间进行批评教育，不到万不得已，不轻易对"参差学习体"组员进行调整。

（三）及时帮扶指导

"参差学习体"组员在开展学习过程中，教师务必及时地帮扶指导，尤其

是"参差学习体"组建初期，对于一些需要集体完成的教学任务，教师要科学引导组员开展密切协作，高效完成学习任务，以增强组员间的成就感、荣誉感，强化组员之间的关系，在无形之中生成凝聚力、向心力。在教学过程中期，对于一些难度较大、不易破解的学习问题，教师可以以组员的身份参与其中，引导学生条理清晰地解答，避免学生持续产生挫败情绪，逐渐丧失专业学习探究兴趣，导致学习效果大打折扣。另外，教师的帮扶指导要把握好"度"，一是时间上的"度"，即适时，在一个教学任务中，既不可过早地进行帮扶，也不可帮扶得过晚。二是帮扶程度上的"度"，即适度，既不可全部为学生解答，也不可使自己的帮扶不起作用，空走过场。

四、"参差学习体"双驱动教学模式创新性实践

（一）登台讲解

按照班级内"参差学习体"数量（比如3个，分别为A组、B组和C组），对照选取教学内容，可以是理论课，也可以是实践课。提前一个月将授课任务下达给其中一个"参差学习体"（比如A组），由A组组员届时选出代表为全班同学授课。在一个月的准备时间内，A组组员做好课程内容自学、课件制作、拓展知识收集与梳理等工作，B组和C组成员做好课程内容的预习。按照由学生为学生授课的模式，A组选派代表以教师身份进行登台讲课，授课结束后，以"小教师"为代表的A组成员解答B、C组成员提出的专业问题，在相互问与答之中，学生无形间走到课堂教学的中心，由内而外驱动教学实施，既锻炼了学生的组织协调能力，又水到渠成地完成了专业课程的教学。

（二）互相出卷、批改作业

按照教学任务，分阶段由"参差学习体"进行试卷出题，比如，教学第一阶段由A组出题，教学第二阶段由B组出题，教学第三阶段由C组出题。假如由A组进行出题，待考试完毕后，由B组出试卷答案，C组针对答案的正确性进行核对，而后三组交叉批改试卷，做到学生人均批改一份试卷。在批改试卷的过程中，完成对专业知识的二次学习。根据考试成绩，教师对表现优异的学生进行奖励，激发学生持续探索学习专业课程内容的兴趣。同时，基于答卷情况质量分析，对大多数学生掌握不牢的专业知识或是重难点内容，由教师进行补学和答疑，确保专业学习不留死角。

（三）开展专业讲座，撰写学习心得文章

在教学中期和末期，分别组织"参差学习体"开展专业讲座和撰写学习

心得文章。其中，在教学中期，由教师指定专业方向，"参差学习体"按照要求做好讲座的相关准备工作，将用于讲座的文章交由教师审阅后，及时进行补充修改，而后由学生为全班同学开展讲座辅导，拓宽专业视野。在教学末期，全体学生撰写专业课程学习心得文章，"参差学习体"之间进行互评，评审出本"参差学习体"认为的最佳文章，交由教师进行终评，评选出一二三等奖文章，计入平时成绩。既加深学生对专业知识的整体理解、掌握和应用，又起到激励作用，带动全体学生的学习积极性和主动性。

◆◇ 第二节 嵌入"打怪通关"的 BOPPPS 新型教学模式构建与实施

一、嵌入"打怪通关"打造新型教学模式的必要性

青年学生是网络原住民，已经成为公认的事实，他们呈现出喜好打游戏的群体特点，普遍思想活跃，喜欢新鲜事物，厌烦"填鸭式"教育以及枯燥乏味的沉闷甚至是沉默式的学习过程。为将青年学生这一特点转化为教学优势，在原有 BOPPPS 教学模式基础上，嵌入"打怪通关"的网络和手机游戏过程，升级改造出一种新型的教学模式，全面提高学生学习的积极性和投入度，推动学生由"要我学"向"我要学"转变。

二、传统 BOPPPS 教学模式认知

BOPPPS 作为一种全方位促进学生参与学习过程的教学模型，突出以教学目标为导向，倡导以学生为中心，注重在教学实施过程中收集学生信息反馈，并以此为依据及时迅速进行教学内容调整、教学方法改进、教学策略优化，提高授课的针对性和实效性。通常 BOPPPS 教学模式由课程引入（Bridge）、学习目标（Objective）、前测（Pre-assessment）、参与式学习（Participatory Learning）、后测（Post-assessment）以及总结（Summary）六大部分组成，根据教学过程可分为三段，其中课前为课程引入、学习目标和前测（BOP），课中为参与式学习（P），课后为后测和总结（PS）。

三、"打怪通关"的前置设计

按照一次授课任务，借助信息化技术和多媒体手段，在教学过程中设置"誓师出征""通关地图""比武试锋""制胜锦囊""攻城拔寨""终极大招""盘点物资""摆宴庆功""升级修炼"等教学情境，融入 BOPPPS 教学模式的全流程，把学习与游戏结合，寓教于乐，在活跃课堂氛围的同时，极大程度地激发了学生的内在学习兴趣，让学生如侠客一般，充满"责任感"和"正义感"，怀着预期、带着学习武器，充分利用课程资源进行打怪升级闯关式学习，在轻松愉快的氛围中完成教学任务（见图2-4）。

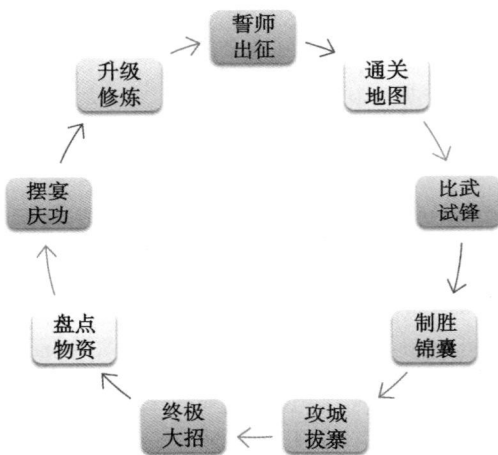

图 2-4 "打怪通关"教学情境

四、嵌入"打怪通关"的 BOPPPS 新型教学模式的设计应用

嵌入"打怪通关"的 BOPPPS 新型教学模式的设计应用如图2-5所示。

图 2-5 "打怪通关"的设计应用

（一）课程引入（Bridge）——"誓师出征"

课前，教师借助图片、视频、音频等媒介和引用行业案例、职场故事、热门话题等方式，生动、形象、具体地导入课程内容，举办课程内容学习"誓师出征"大会，引发学生好奇心，激发学生的兴趣，驱使学生全员参与到课程学习中来，自主对本次课程内容进行探究，达到整体认知和清晰了解教学目标的目的。

（二）学习目标（Objective）——"通关地图"

学习目标阶段在整个教学过程中起到"航向灯"和"指示标"作用，目的是使学生在上课之前，清楚了解本次授课的学习目标以及学习重难点，即将"学习目标"设置成"通关地图"，由学生按照"通关地图"有针对性地进行知识探索。

（三）前测（Pre-assessment）——"比武试锋"+"制胜锦囊"

前测阶段主要是为了摸清和掌握学生课程内容预习情况以及学生的受训能力和知识储备。教师可以通过学习问答、预习作业测试以及讨论交流等方式设置"比武台"，获取学生前期预习情况。以此为基础，进行全面分析和综合研判，及时调整后续授课安排，合理设置授课内容广度和深度以及教学实施进度，给予每个学生一个课程学习的"制胜锦囊"，为下一阶段正式授课，攻克学习任务提供"进攻路径"。

（四）参与式学习（Participatory Learning）——"攻城拔寨"+"终极大招"

参与式学习阶段是 BOPPPS 教学模型中最核心、最重要的部分。在参与式学习阶段，以发挥教师的主导作用引领突出学生的主体地位。根据知识点的难易程度，教师指导学生通过个人自学和小组研学的方式对基础知识点进行启发式学习，吸引学生全面参与到学习中来，不断在学习战场"攻城拔寨"，攻克一个个知识点，插上一个个"旌旗"。设置"行军帐篷"，在"行军帐篷"内，教师引导学生进行分组讨论和合作探讨，即"运筹帷幄"，对重难点知识进行合作式学习，直至"兵临城下"，打出"终极大招"，学完全部知识。

（五）后测（Post-assessment）——"盘点物资"

在后测阶段，首先要明确测什么内容，验哪些指标，通过课后习题测试、作业问答、操作演示以及知识汇报等方式对课堂教学质量进行评测，梳理此次学习所得所获，盘点在学习战场上的"缴获物资"。根据测验结果进行教学反思整改，及时优化教学设计，为后续教学实施不断提质增效。

（六）总结（Summary）——"摆宴庆功"+"升级修炼"

总结阶段为 BOPPPS 教学模式的收尾阶段，主张由学生进行课堂教学知识总结，教师根据学生学习表现进行点评，对于在学习过程中表现突出的学生进行学分奖励，即"摆宴庆功"，不断激发学生的求知欲和求胜欲，形成专业学习的良性竞争，引导学生对后续专业学习进行"升级修炼"，全面盘活班级学习氛围。

◆◇ 第三节 "知识串学、补识助能" 教学模式

一、"知识串学、补识助能" 整体认知

在授课过程中，以岗位任职能力为牵引，以授课内容为主体，结合相关案例，按照专业能力生成的知识组成部分，打破章节限制，对课程内容进行融合串讲、知识串学，明晰课程体系结构，达到选取相关知识补强专业能力，即"补识助能"的目的（见图 2-6）。

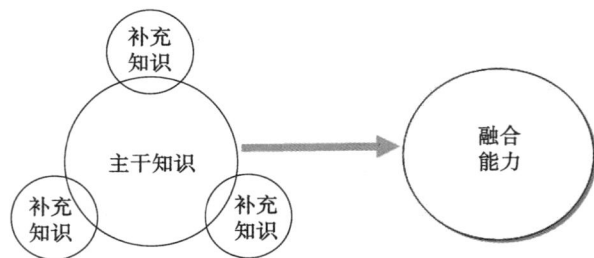

图 2-6 "知识串学，补识助能"整体认知示意图

二、"知识串学、补识助能" 的实施原则

（一）主干性

在"知识串学、补识助能"教学模式中，要保证讲授知识的主干性，以完成此次教学任务的知识目标、能力目标和素质目标。切勿将补充知识置于主干位置，造成"喧宾夺主"，否则在有限的课堂教学时间内，难以完成授课目标要求下的教学任务。因此，教师首先要明确主干知识，且一般情况下，在一

个课堂教学阶段的主干知识的数量为1，针对主干知识主导下的专业能力，进行其他知识的补充，其他补充知识一般为2至3个。

（二）关联性

授课任务要求下的主干知识和补充知识，是以能力为桥梁的，两者得以紧密结合。即在实施"知识串学、补识助能"教学模式时，要保持主干知识和补充知识的关联性，坚决杜绝两者关联性不强，甚至是"八竿子打不着"的现象发生，不仅浪费课堂教学时间，而且容易导致学生专业知识学习方向出现偏差。

（三）整体性

在能力视域下，主干知识和补充知识要能够成为一个有机整体，互相辅助，共同促进某种专业能力的生成，抑或补充知识是主干知识的拓展，达到丰富学生专业视野的目的。

三、"知识串学、补识助能"教学示例

在讲解柴油机管理内容时，引入教学案例，在激发学生学习兴趣的过程中，引导学生对燃油系统管理下的相关知识进行探索（见图2-7）。

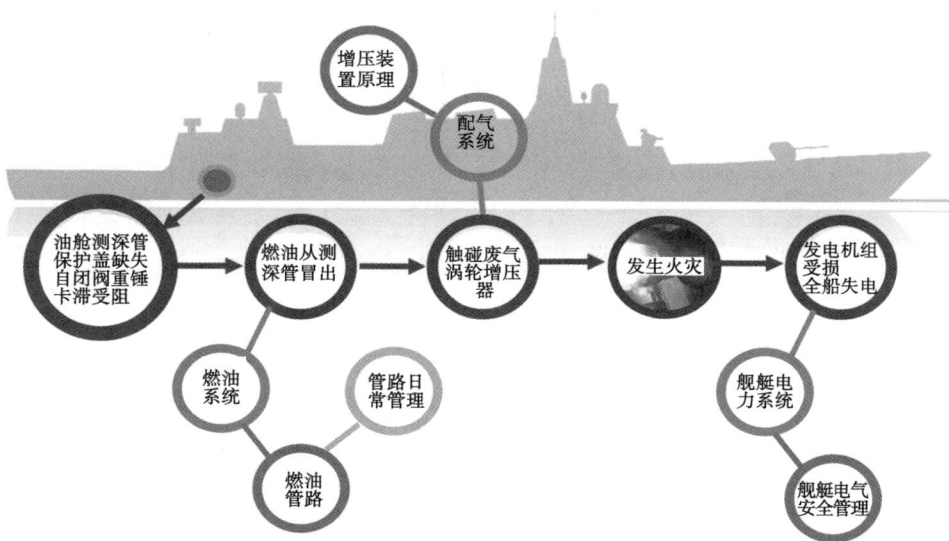

图2-7 燃油系统管理教学示例

【教学案例】某船在海上漂航进行驳油作业时，由于在日常检试中未发现

油舱测深管保护盖已经缺失和自闭阀重锤卡滞受阻，在油舱油满报警之后，值班人员未及时采取停泵措施，导致燃油从测深管中冒出，触碰废气涡轮增压器高温涡轮端，导致火灾发生，迫使发电机组及机舱大部分电缆严重受损、全船失电。值班人员为防止事态进一步扩展，在封舱灭火后，没有贸然启动主机，最终协调拖轮将船拖回码头。

在案例引入教学过程中，测深管属于燃油系统管路，此处引入船舶主要管路系统简介；在讲到发电机组及电缆线受损时，引入舰艇电气安全管理知识，并启发学生结合柴油机配气系统知识，自主对废气涡轮增压器工作原理进行探究，促进形成应对机舱（燃油系统）着火的专业能力以及打牢柴油机管理的专业基础。

◆◇ 第四节　情景贯穿式教学模式搭建与应用

一、情景贯穿式教学模式认知

情景贯穿式教学模式的示意图如图 2-8 所示。

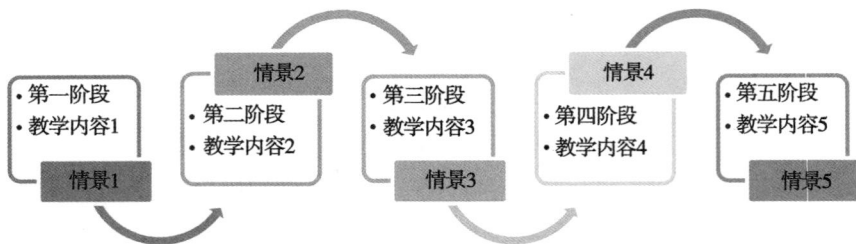

图 2-8　情景贯穿式教学模式示意图

情景贯穿式教学模式以基于专业内容打造的情景为引线，借助多媒体、信息化等技术手段，营造浓厚的专业学习氛围，将所要讲授的知识按照情景的逻辑关系串联起来，在激发学生学习兴趣的同时，引导学生走到课堂中心，跟随故事情景的发展学完专业知识，完成教学目标。

二、以一次授课（各种航行条件下主机的工况及使用管理）为例进行展示

（一）授课提要

教学目标：理解柴油机的使用管理，掌握主机在各种航行条件下的操纵方法，形成认真仔细的工作态度和团结协同的思想意识，增强解决疑难问题的勇气，提升献身海洋事业的荣誉感和使命感。

教学内容：柴油机的使用管理，各种航行条件下主机工况。

教学重点：柴油机的使用管理。

教学难点：各种航行条件下主机工况。

教学方法与手段：采用理论讲解、情景贯穿式教学、提问引导、分析讨论等教学方法；采取板书、PPT、视频等教学手段。

教学时间：90分钟。

（二）教学流程

教学流程如图2-9所示。

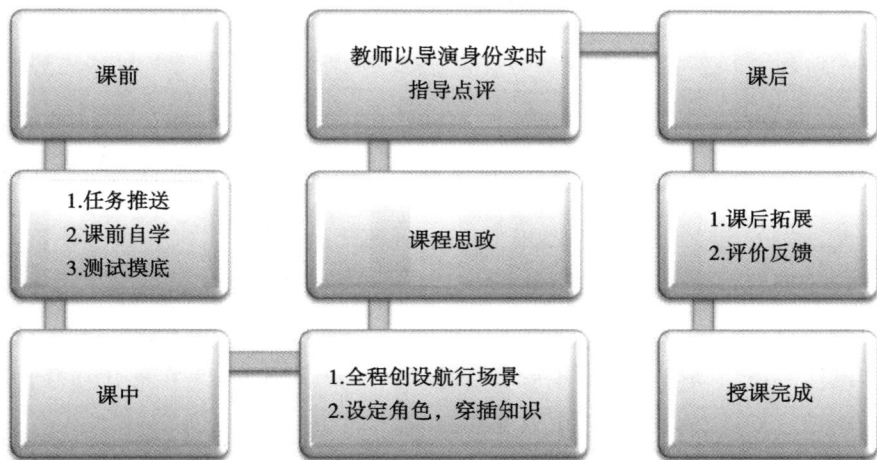

图2-9 "柴油机的使用管理"教学流程图

（三）新课引入（5分钟）

情景创设：同学们，我们现在来到了金沙码头，即将随轮机1号船，前往南海进行为期一个月的航行，作为轮机管理人员，大家应当熟悉船舶动力装置和掌握正确"用车"的方法。航行期间，我们将结合各种航行工况下如何

"用车"、动力装置使用管理等方面的课程内容开展教学，内容概要提示如图 2－10 和表 2－1 所示。

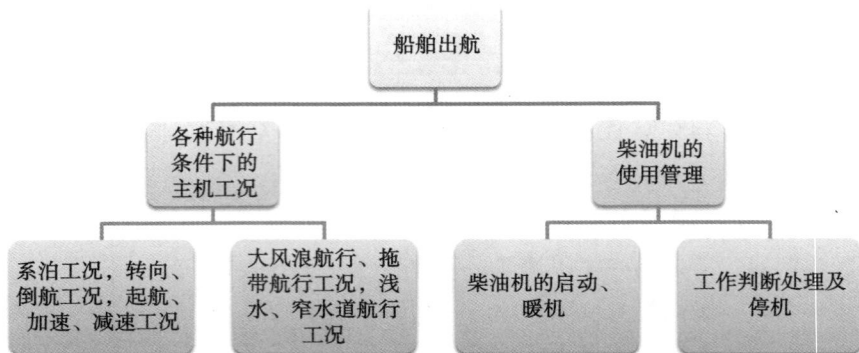

```
                    ┌──────────┐
                    │  船舶出航  │
                    └──────────┘
          ┌───────────────┴───────────────┐
    ┌──────────┐                    ┌──────────┐
    │各种航行     │                    │柴油机的    │
    │条件下的     │                    │使用管理    │
    │主机工况     │                    │          │
    └──────────┘                    └──────────┘
     ┌────┴────┐                    ┌────┴────┐
┌────────┐┌────────┐        ┌────────┐┌────────┐
│系泊工况，转向、││大风浪航行、拖│        │柴油机的启动、││工作判断处理及│
│倒航工况，起航、││带航行工况，浅│        │暖机       ││停机       │
│加速、减速工况 ││水、窄水道航行│        │          ││          │
│        ││工况     │        │          ││          │
└────────┘└────────┘        └────────┘└────────┘
```

图 2－10　教学内容概要提示

表 2－1　教师活动、学生活动与设计意图

教师活动	设立南海航行情景模式，激发学生学习兴趣，结合学生既往学习经历，有效开展师生互动，引出各项学习内容分支
学生活动	畅谈个人与船和大海的有关经历，期待即将到来的情景贯穿式教学
设计意图	以课前调查为基础，了解学生既往阅历，掌握学生对各种复杂航行条件的认知度，以设立情景为教学切入口，激发学生的探索欲和求知欲，同时增强建功深蓝的使命感和荣誉感

（四）新课讲授（80 分钟）

1. 柴油机的启动、暖机

柴油机的启动、暖机要求如图 2－11 所示。

情景创设：轮机 1 号船即将开启南海航行，起航前的各项准备工作正在紧锣密鼓地进行之中。此时学生甲提出疑问："备勤备航真的需要那么久的时间吗？既然主机启动已经成功，是不是可以立即离开码头？"由此引出关于柴油机启动及启动后暖机的相关知识点。

引入案例（播放视频）：2020 年 5 月，某船在启动时，由于工作人员疏忽，空气瓶泄漏，致使压力不够，同时在主机启动后，没有注意到润滑油一直未达到规定的压力，而让主机保持高速运转，致使主机"干磨"，机体运动部件大大受损。

讲解柴油机的启动、暖机的同时，引入润滑系统和空气压缩机知识。同时，通过案例激发学生学习兴趣并进行课程思政教学（见表 2－2 和表 2－3）。

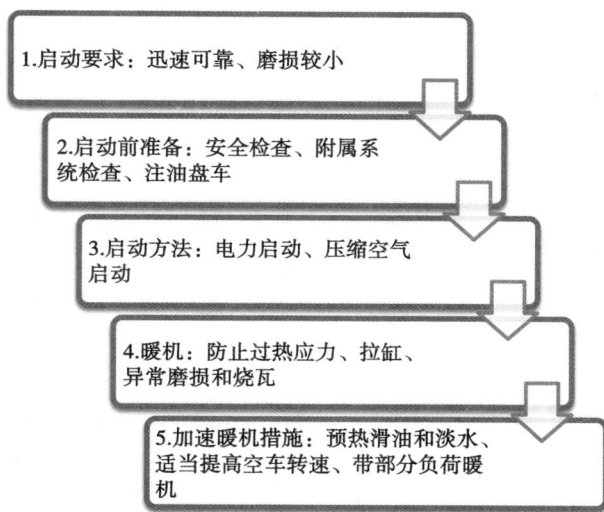

图 2-11 柴油机启动、暖机要求

表 2-2 嵌入案例与设计意图

嵌入案例	结合案例，引入柴油机暖机、润滑系统和空气压缩机知识，推动学生系统知识向整体能力跃升
设计意图	引入相关案例，以案例融合知识，强化知识的整合使用。同时，通过案例激发学生学习兴趣并进行课程思政教学

知识提醒：紧急情况下，主机启动后可以在小负荷上边航行边暖机，尽量减少空车和低速小负荷运行的时间，一般规定，主机空车和低速小负荷运行的时间分别不要超过 0.5h。

表 2-3 教师活动、学生活动与设计意图

教师活动	（1）此部分为柴油机使用管理基础知识，通过视频、照片等形式阐明教学重点 （2）鼓励具有涉海经历的学生踊跃发言，介绍不同船舶主机启动及暖机流程
学生活动	学生登台讲解对部分知识的理解认识
设计意图	充分发挥具有涉海经历的学生的优势，由他们进行发言，拉近学生之间的距离，变被动理论灌输为主动畅言畅谈

2. 系泊、转向、倒航、起航、加减速等工况（见图 2-12 和图 2-13）

情景创设：此时离码头的铃声信号响起，船舶正在解缆，"同学们请思考

一下，如果将船舶通过缆绳系泊在码头上，再启动柴油机带动螺旋桨，这属于什么工况呢？另外，离靠码头可是门技术活儿，此时船舶正在倒航、转向工况中不断变化，如何高效使用主机呢？"

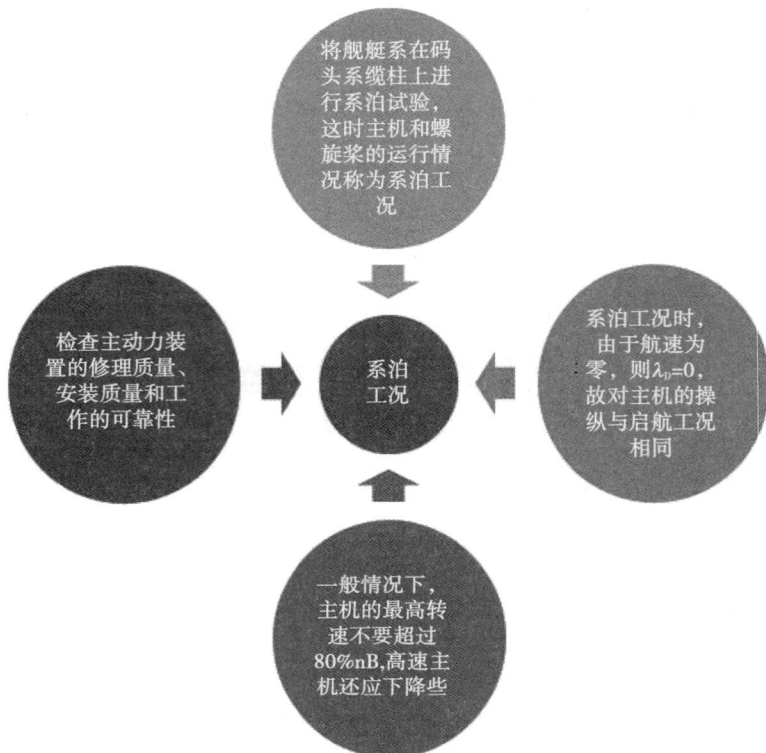

图2-12 系泊工况

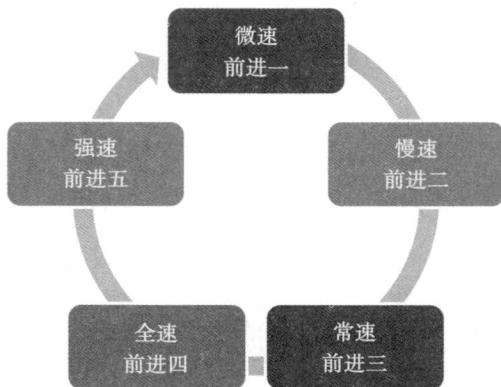

图2-13 "进一至进五"车令

情景创设：船舶离开码头后，以较低航速航行在并不宽阔的海面上，此时江面薄雾，能见度不佳，且来往船只川流不息。学生乙举手提问："我们已经离开码头，船舶为什么不立刻提高航速呢？毕竟距离今晚的锚地还有很远啊！"

知识提醒：加、减速应平稳缓慢，若过快将对主机产生危害：

加速过急将导致——从负荷、热应力、燃烧、排温、超负荷讲述；

减速过快将导致——从主机过热、润滑情况、增压器喘振讲述；

分段加速法——重点讲述当需加（减）速时和在紧急情况下如何操作。

情景创设：海面波澜壮阔、风光旖旎，同学们此时应熟练掌握正常航行工况下主机的使用管理。

知识提醒：在一般情况下，均应按上述"进一至进五"的车令用车，也可以根据航行实际情况和主动力装置的状况进行用车。另外，使用部分主机航行时的最高转速参照有关规定执行。

3. 大风浪、拖带、浅窄水道等工况（见图 2-14 至图 2-16、表 2-4）

情景创设：俗话说，"海上无风也要三尺浪"。不知道何时起，天空阴沉起来，天气风云突变，海面上波涛汹涌，此时进入了大风浪航行状态，真正的考验到来了。

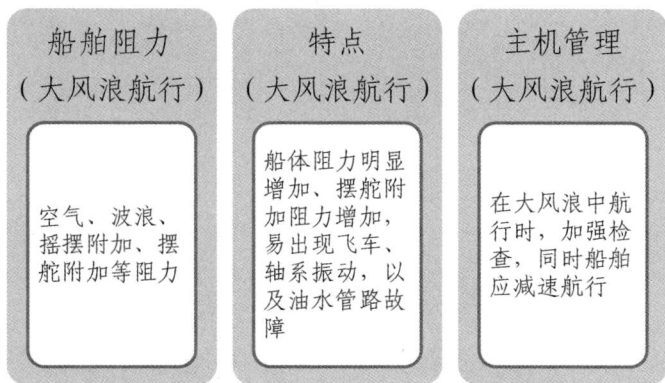

船舶阻力 （大风浪航行）	特点 （大风浪航行）	主机管理 （大风浪航行）
空气、波浪、摇摆附加、摆舵附加等阻力	船体阻力明显增加、摆舵附加阻力增加，易出现飞车、轴系振动，以及油水管路故障	在大风浪中航行时，加强检查，同时船舶应减速航行

图 2-14 大风浪航行

知识问答：超负荷工作的判断及处理。

主机超负荷工作的判断及处理：请学生描述具体现象，教师予以补充，如果主机已超负荷运行，应立即减速使用。

副机超负荷工作的判断及处理：请学生描述具体现象，教师予以补充，如果副机已超负荷工作，应切断不重要的电力负载。

情景创设：随着时间推移，风浪渐渐平息下来。"快看！那里有一艘小渔船！"不知道是谁喊了一声，远远望去，一艘小渔船由于主机功率较小，半天不见挪动。

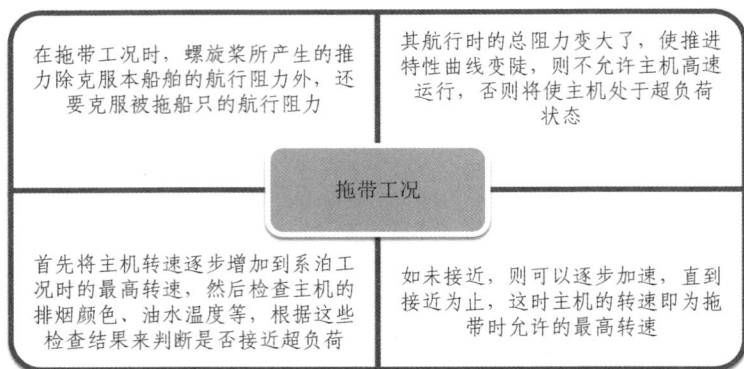

图2-15 拖带工况

情景创设：经历了40小时的高速航行，船舶终于来到了南沙群岛，这些由礁石组成的岛屿，就像一颗颗瑰丽的珠宝，镶嵌在祖国壮阔的版图上。船舶即将进入浅水、窄水道航行工况。

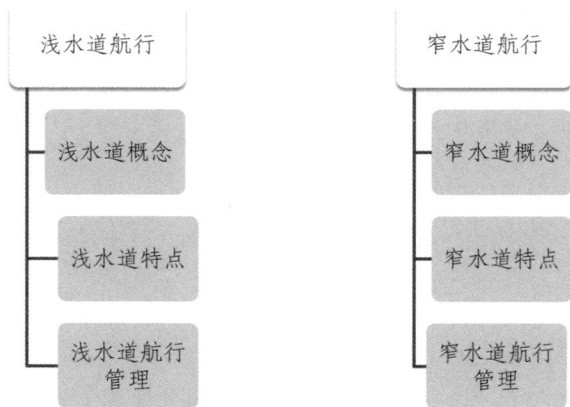

图2-16 浅水、窄水道航行工况

表 2-4 课程设计

教师活动	通过情景创设，激发学生兴趣，此部分为要求了解内容，知识理解难度不大，组织学生进行内容自学
学生活动	学生分组进行自学，以强携弱，优势互补
设计意图	还课堂于学生，强化学生主动求知意识和提升学生自我学习能力。同时进行课程思政教育，引导学生把无限的热爱和激情融入海洋事业

4. 柴油机的停机（见图 2-17）

情景创设：一路航行，同学们了解了许多不同航行条件下主机的"用车"要求，除了上述主要内容以外，还有错车、船舶体污底等多种工况，请同学们课后做好相关内容整理。现在船舶已经安全抵达码头，请同学们做好主、副机停机准备。

接到指令 → 逐渐减负荷、降速 → 暖机转速运转 → 油水温度符合要求 → 停机

图 2-17 柴油机的停机

情景创设（视频播放南海风光）：终于可以停靠码头了，现在进行休整，咱们一起来领略南海岛礁的秀美风光，感受祖国的伟大壮美吧！

教师发言：同学们，饱览南海岛礁无限风光的同时，不要忘记接下来我们还有更重要的航行任务，利用短暂的休整时间，要加紧对动力装置进行故障排除和维护保养。请同学们做好相关理论知识的预习，时刻保持轮机设备的工作可靠性。

（五）课堂小结（5分钟）

本次课我们以船舶航行过程贯穿全部知识点，重点介绍了各种航行条件下如何"用车"，并对柴油机的使用管理进行了介绍，希望同学们做好重难点知识的理解和消化，为日后更好地胜任岗位打下坚实的基础。

（六）课后活动及评价

1. 课后作业

整理错车工况和污底工况的概念、特点和使用注意事项。

整理记录采用分段加速法的原因和具体过程。

2. 预习内容

柴油机的等级保养相关制度和主要内容。

3. 开展评价

学生对上课过程进行评价；教师对上课过程进行评价。

（七）板书设计

板书的设计如图 2-18 所示。

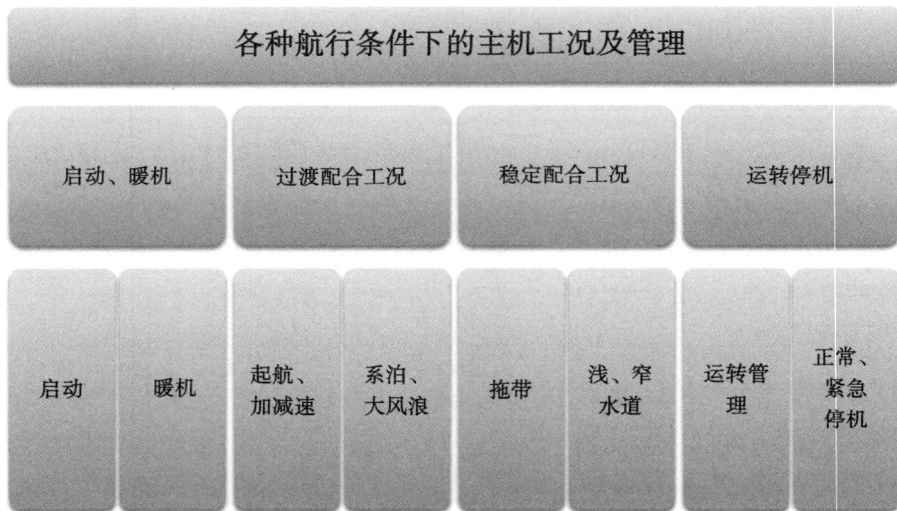

图 2-18　板书设计

◆◇ 第五节　契合课程特征的多样式虚实一体教学模式

一、基于任职岗位能力的轮机工程专业课程模块划分

根据教学大纲和人才培养方案，结合学生应具备的素质、能力和知识要求，将轮机工程专业课程按任职岗位能力分为专业基础能力课程、专业核心能力课程、专业拓展能力课程、组织能力课程和综合能力提升课程五大模块（见图 2-19）。

二、轮机工程专业课程特点

在教学实践中，轮机工程专业任职岗位课程逐步凸显出"海味"浓、船舶属性明显、理论性强和实践要求高等四大特点。

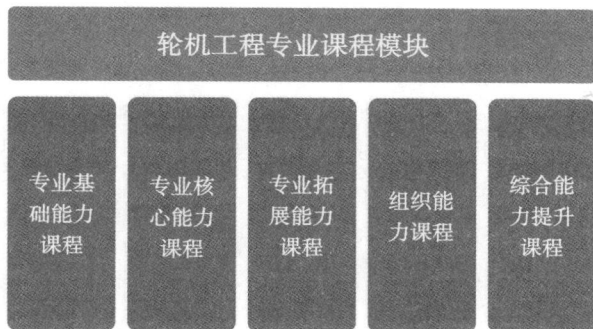

图 2-19　轮机工程专业课程模块划分

（一）"海味"浓

轮机工程专业培养的学生是操作使用、维护保养船舶轮机设备的主体。海洋环境错综复杂，海上状况瞬息万变，航行过程中，船舶主动力装置等轮机设备突发故障，难以得到陆上的支持，随船的轮机管理人员如若专业知识学习不精，专业水准不高，抢修能力不足，难以第一时间修复主动力装置，情况严重时极易引发瘫船事故，造成人员伤亡和财产损失。

（二）船舶属性明显

轮机工程专业任职岗位课程专业特色明显，课程名称大部分以"船舶"或"船"开头，船舶属性强，课程教学目的是使轮机工程专业学生高标准担负机舱值班职责，维护船舶安全高效航行。

（三）理论性强

轮机工程专业课程涵盖核心知识领域，涉及专业内容的全面学习，课程内容繁而广，理论知识多而杂。轮机工程学生学习经历有所差异、理论基础普遍薄弱，在规定学时内，要让教师讲清讲明理论内容、学生学懂学透专业知识，存在一定难度。

（四）实践要求高

轮机工程专业任职课程具有鲜明的岗位指向、较强的实践性和必要的技术性。通过实操实训，轮机工程专业学生需要通过车工、钳工等技能培训，具备船舶轮机管理能力以及顽强的战斗精神，能够独立履行机舱值班，满足任职岗位需要。因此，在实操实训环节，必须按照课程计划要求，优化设置教学内容和环节，从难从严开展实践训练。

三、虚实一体教学模式设计内涵解读

在轮机工程专业人才培养过程中，依托实装实训室、船舶虚拟实验室、轮机模拟器、案例库、思政库及在线课程等教学资源，融合软硬件资源特色优势，紧盯教学重难点突破，创新多样性虚实一体教学模式。

虚实一体的轮机工程专业教学模式既涵盖虚拟训练（虚）和实践训练（实），又囊括虚拟场景训练（虚）和船舶轮机设备实物训练（实）两重含义，确保轮机工程专业人才培养达到海洋强国建设需要的标准。

四、轮机工程专业虚实一体教学模式构建与实践

（一）立足课程特点，采取"理-虚-实"三元互补教学模式

1. 专业基础能力课程、专业核心能力课程

专业基础能力课程和专业核心能力课程既是基础课程，也是核心课程，涵盖众多结构复杂、原理抽象的专业知识和内容，对于初学者，特别是缺乏既往船舶工作和涉海经历的学生，学懂弄通这部分知识具有一定难度。在传统"先理后实"教学模式的基础上，根据教学进度和学习内容，对个别结构原理复杂程度高、教师不方便演示、学生难以理解的结构部件，可适时针对性引入虚拟训练，即实施"理→实←适时针对性'虚'"教学模式（见图2-20）。

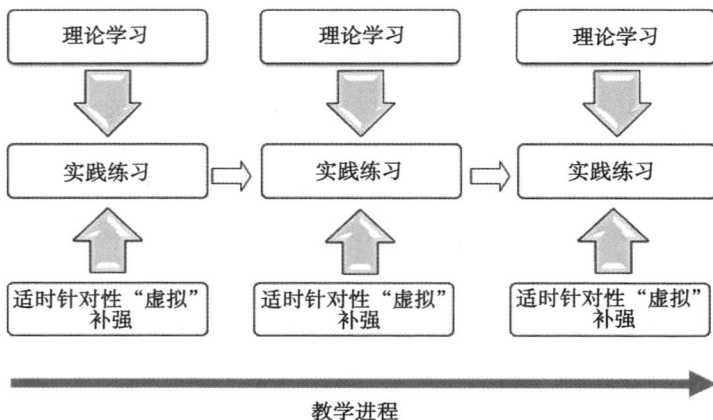

图2-20 "理→实←适时针对性'虚'"教学模式

先行学习理论知识，使学生大致了解轮机设备相关结构原理，具备一定理论基础，再结合设备实物开展实操训练，加快理论知识向实操能力的转化，对于结构关系复杂的个别零部件，有针对性地进行虚拟训练，逼真、立体、形象地展示零件的内部组成，使学生在 3D 视角下全面了解和掌握部件内部运动关系、拆解细节和组装要点，以虚助实。

2. 专业拓展能力课程

专业拓展能力课程属于轮机工程专业课程的补充和拓展。在教学过程中，采取"理→实→终结性'虚'"教学模式（见图 2-21）。

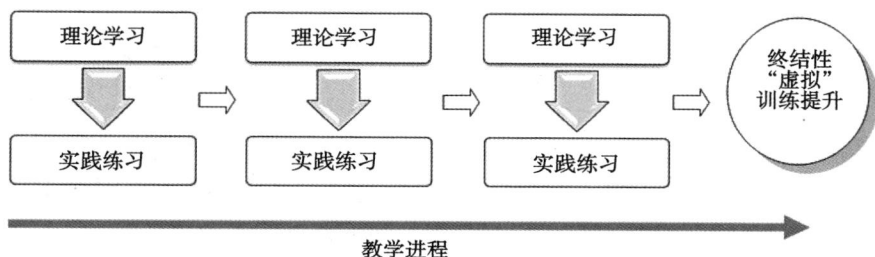

图 2-21　"理→实→终结性'虚'"教学模式

先行通过理论授课，学生可以逐步掌握相关理论知识，再通过实践训练，进一步强化对理论知识的学习掌握，补强学生的专业能力，如此反复进行，直到学完全部课程内容。在学期末，依托船舶虚拟实验室打造的船舶典型内部虚拟场景，通过 1~2 次的学习训练，对课程全部内容进行系统复盘学习，连贯点面内容成体系知识。

3. 组织能力课程、综合能力提升课程

组织能力课程和综合能力提升课程通常安排在学生在校学习的最后一个学期实施，处于学生走向岗位的关键阶段，前期已经学完了全部专业课程，具备扎实的理论基础，组织能力课程、综合能力提升课程既是检验前期学习专业内容情况的掌握程度，也是促进学生生成岗位任职能力的转化路径，即实施"实↔虚←理"的教学模式（见图 2-22）。

以实船、轮机设备实物为主体，虚拟训练为协助，虚实一体开展实训或演练，对于一些传统实训项目无法完成的环节，通过多媒体技术、虚拟仿真技术以及传感技术安全、直观地展示。同时，借助光、电、声、影等打造真实工作场景，通过设置航行过程中的各类突发故障，锻炼学生在船舶主动力装置破损

图 2-22　"实↔虚←理"的教学模式

等极端环境下的应急能力和心理素质。在演练过程中，对于一些学生反馈掌握不牢、记忆不清的知识点，在演练的后期通过理论授课，进一步巩固强化，以理论对实践"固强补弱"，全面加强和提升学生专业基础技能及岗位任职能力。

（二）立足学习效果，采取"按时分段、虚实一体"的教学模式

在教学过程中，以时间为主线，以学生学习效果为牵引，按照"星期-月-学期"的学习周期，收集学生在专业课程学习的各阶段遇到的疑难问题，分周末、月末和学期末三个阶段开放实装实训室和虚拟训练室。在教师的引导下，学生既可以通过观察实物、动手拆解搞懂在课堂学习中遇到的专业知识困惑，也可以通过虚拟训练系统身临其境参观船舶、了解船舶和熟悉船舶，在漫游过程中，结合自学情况，通过操作鼠标对轮机设备进行结构拆装，及时消除知识困点难点，避免造成疑难问题堆积，使学生逐渐丧失专业学习和探索兴趣。

另外，在月末和学期末，额外增加人机交互训练环节，通过教师设置的一体式任务，学生互相担任不同角色，结合已学的阶段性专业知识引导学生进一步明岗知责，针对性锤炼胜岗能力，加快专业知识从学到用的转化（见图2-23）。

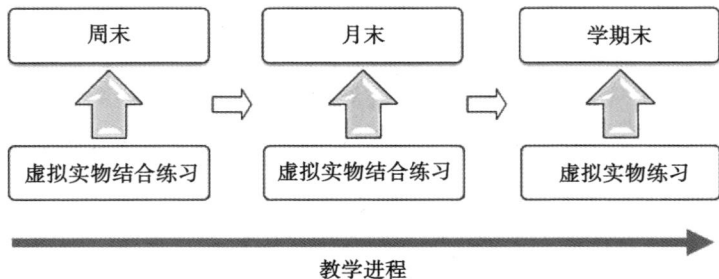

图 2-23　"按时分段、虚实一体"教学模式

（三）针对训练特征，采取"虚实相济、实虚互辅"教学模式

以"虚实融合、方便学用"为目标，以虚拟仿真和轮机设备实物融合一体的实践场地为主体，采取"虚实相济、实虚互辅"教学模式开展轮机工程专业课程教学（见图2-24）。

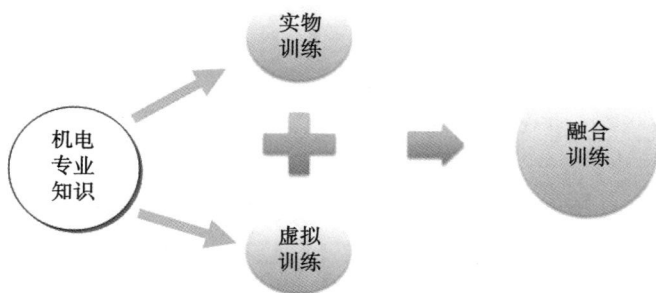

图 2-24 "虚实相济、实虚互辅"教学模式

虚拟训练具有传统实验教学所不具备的优势，在解决复杂实验做不好、抽象实验不好做、危险实验做不了等问题上，紧跟设备更新换代速度，通过软件编程无限次导入新知识、新技术、新装备。同时，虚拟现实技术不会因为反复拆卸而破坏机械表面，损坏设备零部件，学生可以根据自身学习情况，对某一机械结构进行重点练习、反复练习，达到强化技能、熟能生巧的目的。另外，虚拟训练避免了传统教学中由于操作不当而引起的油、水、电、气安全事故，提高了实操实训的安全性和流畅性。

虚拟拆装虽具有逼真性和交互性，便于动态展示零件间装配关系，对零部件组装的力矩大小和贯穿螺栓的上紧程度进行提示说明，按照指导书设置规定拆卸力矩，但最大的缺点是无法模拟实操真实手感，缺少真切感受，实操临场感和成就感不强，学生很难形成对力矩扳手等专业工具的使用习惯。学生到岗位任职后，如果不能迅速从电脑虚拟环境转移到实际工作环境，急难险重的任务很难有效开展。因此，在学习轮机工程专业知识，进行实践训练时，必须结合实物协同开展虚拟操作训练，既真实感观轮机设备实物，又360°感受零部件内部结构，达到虚实互补、相得益彰的目的。

第三章　信息化教学改革与建设

◆◇ 第一节　运用信息化技术打造趣味性理论课堂

课堂教学作为育人的主渠道、塑才的主战场，其成效直接关乎人才培养质量。为此，应当加大对课堂教学的研究力度，打牢课堂教学基础，夯实课堂教学关键"链条"，不断运用信息化技术构建实效显著、特色鲜明的课堂教学模式，提升课堂育人成效，在人才培养上赢得一个又一个新的胜利。

一、运用信息化技术探究轮机工程专业课堂教学趣味性的必要性

轮机工程专业涉及十几门课程，逻辑性较强，内容琐碎，结构原理相对抽象。多数学生反映，在一些专业课的课堂教学中，面对教师讲授的复杂结构或者原理章节内容时，很难提起兴趣，课堂气氛沉闷，学习枯燥乏味，容易陷入听不懂、学不会、悟不透的"怪圈"。如此恶性循环下去，学生会思想"抛锚"，学习进程"受阻"，导致学习全面"停航"，越听不会越不想听，越不想听越学不会，周而复始，造成学业矛盾问题的积累叠加，最终产生厌学心理和逃学想法，使教学质量大幅度下降，教学效果大打折扣。

如果培养的轮机工程专业人才不能满足社会所需，不能为国家所用，不仅造成时间、精力和资源的浪费，更会阻碍人才强国建设进程。因此，必须下大力气、下足功夫解决轮机工程专业课堂教学枯燥沉闷的现状，通过运用多种信息化技术让课堂氛围活跃起来，增强课堂学习的趣味性，变苦学为乐学，变被动接受学为主动求知学，变督促学习为自主学习，寓教于乐，寓学于趣，不断提升学习成效和育人质量。

二、常用信息化技术与设备

常用信息化技术与设备如图 3-1 所示。

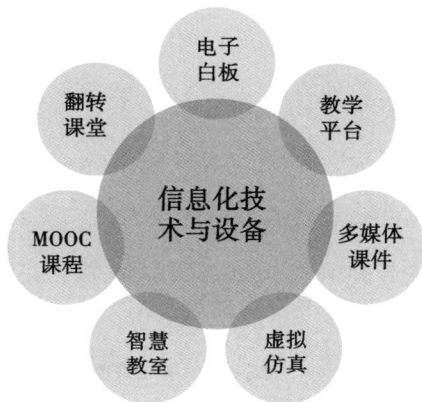

图 3-1　常用信息化技术与设备

（一）电子白板

电子白板是一种通过触摸屏或笔进行交互操作的数字化白板，在教学实施过程中，通过文字、图像和视频演示抽象知识和复杂设备内部结构，助力学生加深对教学内容的理解。

（二）教学平台

教学平台是基于网络构建的师生互动平台，可以远程实现信息发布、在线测试、作业管理以及资源共享等功能，方便教师开展教学活动。

（三）多媒体课件

多媒体课件打破传统课件框架，综合融入文字、图片、声音、视频等多种元素，使教学内容更加丰富多彩，增强教学过程的互动性和趣味性，提升学生主动求知的兴趣。

（四）虚拟仿真

虚拟仿真技术是当下十分流行的一项创新技术，很多高校依托虚拟仿真技术建设虚拟仿真教学实验平台或虚拟仿真教学室，通过计算机模拟近乎真实的机械结构和拆装组合过程，为学生提供更加直观的学习体验。

（五）智慧教室

智慧教室是利用信息技术手段将教学内容、教学资源进行数字化、网络化处理，方便教学过程随时取用。同时，智慧教室创设更加贴合未来工作的任职环境，结合配备的机械实物，达到虚实结合的目的。

（六）MOOC课程

MOOC是英文massive open online course的缩写，它囊括海量的网络课程资源，是一种新型的在线学习模式，方便师生查阅相关专业技术资料，以及随时随地进行课程自学和相关内容补学，拓展课堂教学广度和专业知识学习深度。

（七）翻转课堂

翻转课堂，译自"flipped classroom"或"inverted classroom"，也可译为"颠倒课堂"，将课堂内外时间进行重新调整分配，课前学生依靠网络资源或教师录制的教学视频完成自学，在课堂上不再是单纯的"师讲生听"，学生拥有课堂学习的决定权和主导权，师生之间自主高效交流去探究问题、解决问题，推动课堂教学向更深层次跃进。

三、运用信息化技术提升理论课堂趣味性的方法措施

（一）以学生为中心，做足课前准备工作（见图3-2）

图3-2 课前准备

1. 邀请学生参与备课，提升课堂教学针对性

备课是课堂教学必备环节，备课有助于教师理清教学内容，合理设计授课环节，解决学生学什么、怎么学，教师教什么、如何教的问题。在备课环节，运用信息化技术，可以打破"教师搭台，学生唱戏"的传统习惯，摒弃"教学方案我制定，学生跟着教师走"的一贯做法。运用网络学习平台，邀请更多学生参与到备课环节，使教师由"主角"退居为"次主角"，学生走到教学内容"中心"，在整个教学过程中始终处于主动地位。利用网络学习平台打破时

间和空间限制，师生实时开展课前交流，共同讨论授课章节知识点，在整体把握教学内容基础上，梳理授课难点和重点内容，以确保教师在授课环节"集中火力"讲解重要和疑难内容，非重要知识和学生已经自学掌握内容进行略讲或者领学，确保课堂教学有的放矢，提升授课的针对性和精准度。

2. 扎实开展课前调查，摸清学生底数

课前调查是改进课堂教学设计的重要前提，是全面了解学生知识预习情况不可或缺的环节。由于授课内容难易程度不同，每次课堂知识讲授前，都应进行和做实课前调查，及时掌握学生真实情况。首先，应当确定课前调查主题，明确本次课前调查目的，围绕课堂教学内容需要进行哪方面调研，围绕学生性格特点需要了解哪方面情况，防止调研走空踏虚，浪费时间和精力。其次，根据整个调研环节巧妙设计有针对性的问题，问题在精不在多，在细不在繁。在课前 1~2 天，依托网络学习平台，发布此次课程学习内容和调研设计题目，并按平台设定时间组织线上预习测试，通过平台柱状数据分析，全面掌握学生前期情况，也可以通过线上一对一交流或者网络交流室集中访谈，以学生乐意接受的方式方法进行，确保课前调查能够收到真实反馈，收获学生真实声音，以便在接下来的授课过程中做出科学性改进。

3. 注重信息化技术运用，活跃课堂氛围

在讲解结构系统复杂、工作原理抽象的轮机工程专业内容时，应当注重虚拟仿真技术与轮机设备实物结合运用，以取得事半功倍的教学效果。在具体实践过程中，既可以在轮机工程专业教室运用多媒体设备演示柴油机等机械内部复杂结构，使学生一目了然，知原理，晓结构；也可以在虚拟仿真教学实验平台进行人机交互训练，在锻炼动手操作能力的同时，结合授课内容，由学生主动进行探索训练学习，将抽象知识化虚为实、化静为动、化难为易，使教师将节约的大量时间用于教学内容讲明说透上。另外，课堂教学中，教师要着重把握好信息化技术引入课堂教学的时机，并不是课堂一开始就呈现，也不是课堂临结束才拿出来，而是在课前设计好信息化技术操作时机与策略，并根据学生的课堂表现，机动灵活调整，如学生出现疲倦或者学习情绪低落的现象，可以先由教师讲解示范，适时地引导学生到讲台上进行动手操作，在师生互动和生生互动的教学情境中，将知识不知不觉渗透给学生。

（二）打破传统方式，转变教学模式（见图 3-3）

1. 依托翻转课堂，提升参与度

传统课堂教学，大多是"一支粉笔一张嘴，PPT 一开讲到尾"，教师照本

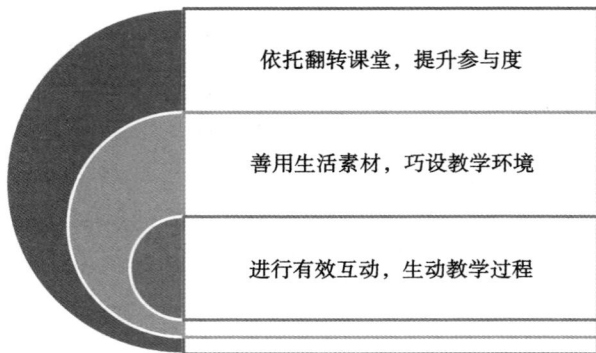

图 3-3　转变教学模式

宣科地讲，学生浑浑噩噩地听，表面看似将课程教学计划规定的教学内容一字不漏地讲完了，但教学目标有没有完成，教学重点有没有落实，教学难点有没有讲明说清，学生真正学会了多少、学进去多少，很少有人关心和关注。为此，要持续树牢学为主体观念，依托翻转课堂，在教学中不断运用新媒体、新技术、新媒介，将传统教学模式"讲授—听课—作业"转变为"自主学习—合作学习—反思学习"，鼓励学生独立思考，养成自我探究的学习习惯，不断引导学生参与到课堂教学全过程，还课堂于学生，还主人翁地位于学生。

2. 善用生活素材，巧设教学环境

首先，生活化素材要来源于师生共同熟悉的生活场景，最好是一些触动较大、印象较深的经历和事件，这就要求教师要不断深入到学生群体之中，了解他们的人生经历，尽可能地参与他们的日常训练和生活，以便在素材驱动教学中"信手拈来"，积累更多可用、可教的生活化素材。其次，教师善于将轮机工程专业知识与生活化素材连接到一起，找准二者紧密联系的点和面。课堂教学一盘菜，教师是厨师，学生是食客、是顾客、是品尝者，面对教学内容和素材这些原材料，教师在教室这口大锅里，要善于将各种教学技巧和信息化技术作为调味品，做出一道 90 分钟"色香味俱全"的菜肴，更重要的是做一道对学生来说能够营养终身的菜品，不断让学生品尝，越吃越有味，越吃越想吃，主动去学习，自主去求知，全面由学生推动课堂教学的实施和开展，让信息化技术成为驱动课堂教学的"发动机"。

3. 运用电子白板、翻转课堂等进行有效互动，生动教学过程

课堂教学过程中的有效互动是传递信息和情感的过程，可以引发学生共鸣，使得课堂教学过程生动活泼，充满活力和张力。在互动过程中，围绕专业

知识和授课重点，教师与学生通过电子白板分享彼此的思考和理解，借助翻转课堂交流彼此的想法和认知，循序渐进地学习新知识，求得新发现，从而达到课程内容的共识、共享，实现教与学齐头并进、相辅相成。但同时要注意，课堂教学互动不只是教师与学生之间的过程，也不只是教与学的交往和互动，同样包括学生与学生之间的相互对话、相互沟通和相互交流，学生可以围绕一个热点知识展开思想交锋和知识探讨，不断分享个人看法和理解，在学生的相互交流中碰撞融合，最后由教师归纳总结，加深学生对所学知识内容的深刻印象，完成知识内容的传输和学习。

（三）综合运用信息化技术，打造趣味课堂（见图3-4）

图 3-4 打造趣味课堂

1. 发挥教师魅力，串联整个课堂

教学是一门学问，更是一门艺术，教师是课堂教学的实际指挥者，其课堂表现是讲好一堂课的关键。课堂教学是教师人格魅力、学识魅力与教学魅力的集中体现，在运用多媒体设备或者专业教室现有资源合理创设教学环境的基础上，以授课重点为中心，将航海故事、行业科技前沿、任职经历等穿插进授课内容，贯穿于师生之间的互动交流，让讲授过程生动活泼。另外，教师深厚丰富的专业学识、诙谐幽默的授课方式、激情澎湃的课堂语言，可以深深感染和鼓动学生，通过熟练运用信息化技术将轮机工程专业教学推向一种新境界，在"趣"之课堂，学习会变成一件乐事，教师讲授得轻松，学生学习得愉快，达到知识交流、情感交互的目的，将枯燥无味的专业知识、油污叠加的钢铁结构变成美的享受。

2. 精炼内容，突出重点

教师讲课的精力是有限的，学生学习的精力也是有限的，在课堂学习过程中，提升学习效果的前提是师生保持旺盛的精力。如果教师不善于运用信息化技术，拿着粉笔，对着课本和黑板滔滔不绝、口干舌燥地讲，学生全程竖着耳朵、睁着眼睛绷紧神经听，最终会导致师生疲倦、精神萎靡，甚至是学生昏昏欲睡，极不利于课堂学习和人才培养。为此，应当立足教材和授课目标对学习内容进行精简，有所侧重、有所取舍，应该讲授和学习的内容重点讲、仔细讲，不用讲授的内容或者不重要的内容，通过慕课（MOOC）或者网络学习平台让学生课前预习、课后自学或者线上教师指导进行速学，不能为了求全而顾此失彼，也不能为了"教"而教，而是要为了"用"而教而学。

3. 建立小集团，推动大课堂

小集团有效教学法，是目前比较流行的一种课堂教学方法，是教师在课堂教学中留给学生充足的时间和广阔空间，它打破传统按座位临时分组讨论的惯用模式，而是在学期开始前建立学习小集团，并在网络学习平台为每个学习小集团创设交流室，方便学生随时随地交流，练习和巩固学到的知识和技能，以促进学生帮扶性学习。同时，随着课程学习的不断深入，小集团学生内部交流合作会更加顺畅，课堂灌输式学习模式会逐渐转变为教师引导式自主学习。但要特别注意，在建立学习小集团时，每名学生的学习能力和知识水平参差不齐，有的学生具有一定的专业基础，有的学生学习新知识、接受新事物比较快，有的学生空间想象能力相对较弱，对柴油机复杂结构知识理解起来相对困难。为此，在建立小集团时，并不是一股脑、"眉毛胡子一把抓"地去分配，而是要做足调研准备工作，充分摸清每个学生的真实情况，在其间形成学习能力和学习成绩梯度，达到以强带弱、优势互补、共同提高的目的。另外，教师要定期组织小集团之间的考核，依托教学平台和在线学习平台，考核学生对于新知识预习学习情况或者组织小集团登台讲课，其他小集团成员进行纠正和补充，达到以赛促学、以赛促练的目的。

◆◇ 第二节　运用信息化技术打造高质量实践课程

推动海洋强国建设，关键在人才，关键靠人才。如果人才的能力素质提升不上去，投入大量时间和精力培养出的毕业生，最终是"低质"人才，甚至是"劣质"人才，将严重阻碍国家海洋强国建设，迟滞航海事业发展。随着世界变革向信息化智能化方向加速发展，如何在信息化背景下更好地开展教育教学活动，全方位提升学生的能力素质，培养出更多"勇者"和"能者"，是一个值得思考以及迫切需要解决的问题。

一、开展信息化教学的重要性和紧迫性

实践教学是理论知识转化为实际能力的桥梁，是专业知识内化成操作技能的关键环节，实践教学质量直接决定着学生专业能力水平的高低。当前，在校学生在新技术、新网络浪潮中长大，善于通过各种信息技术载体认知世界、学习知识、汲取营养。随着信息化技术在教育教学中不断向纵深发展，信息化教学应用工具大量涌现，传统实践教学模式受到巨大冲击，已无法满足多元化教学需要和专业化人才培养要求，新技术、新装备难以及时引进到实践课堂中，离实用、实效标准的差距越来越大。

高等院校亟须在信息化背景下探索和打造适合学生成长成才的方法途径，充分运用互联网技术和信息化手段搭建实践教学平台，以"虚实一体、融合集成"为导引，持续开发虚拟仿真实验室、模拟战场实验台、多功能实训场所等实践教学场地，不断扩充教学资源，更新教学手段，强化基础性学习、过程性考核和技能性训练，建构"任务驱动，兴趣贯通，虚实相融"的实践教学模块，持续提升综合运用信息化教学技术能力和实践教学的高阶性、创新性和挑战度。

二、轮机工程专业实践教学特点和现状（见图3-5）

图3-5 轮机工程专业实践教学特点和现状

（一）知识复杂，概念抽象，实操过程存在一定的危险性

轮机工程专业涉及课程内容较多，实践课程知识点交叉复杂，喷油器、高压油泵等结构原理抽象难懂。在实操过程中，师生需要严格按照零部件类型和装配要求合理选用常用工具、专用工具和特种工具，技术要求高，实操实训难度大。另外，如果在拆装过程中，教师指导不力，引导不及时，学生盲目拆

卸，随意安装，不仅会造成零部件的损伤、器材的浪费，甚至会引发安全事故，直接导致实践教学停滞。

（二）实操离散性大，过程存在隐蔽性，不太便于演示

当前，承担实践课程教学的教师基本上是负责本门课程的教师，一人承担理论课堂讲授和实践设备操作演示，实践教学场地不似理论教室，实践教学场地不方便将所有学生集中起来进行讲课授学，这就需要教师投入更多的精力和心力用于指导学生实操训练。另外，为了方便每个学生操作，院校通常设置较多的实践平台，无形之中增大了实践教学的离散性和操作演示过程的隐蔽性，很多位置靠后或者靠外的学生普遍存在听不清教师讲解、看不全教师演示的情况，致使实践教学效果不理想。

（三）硬件建设滞后，教学设施不完善，教学过程单调沉闷

一些院校受条件限制，既没有高水平的信息化实训场地，也缺乏相应的高新轮机设备，现有的机械设备更新换代程度无法匹配行业应用发展需要，一些机电新技术、新装备无法通过信息化渠道引入到实践课堂。在实践训练环节，由于器材缺失、设备不足，以教师的演练代替学生的操练，以部分学生的练习代替所有学生的实操实训现象时有发生，学生主体地位缺失，学习和训练积极性深受影响，训练效果大打折扣。

三、信息化教学模式（见图 3-6）

图 3-6　信息化教学模式

（一）虚实融合式实践课程教学

以"虚实融合、方便学用"为目标，在现有实践场地基础上，按照真、难、实、严的标准合理划分区域，充分利用以"沉浸式 VR 技术"为主的虚拟现实技术和现有的轮机设备，升级打造虚拟仿真和轮机设备实物融合一体的实践场地。虚拟仿真实验室具有传统实验教学所不具备的优势，在解决复杂实验做不好、抽象实验不好做、危险实验做不了等问题上能够做到全面覆盖，在课

堂容量和课堂质量方面也有了很大提升。亦可以紧跟设备更新换代速度，通过软件编程无限次导入新知识、新技术、新装备，强化学生专业能力水平。另外，虚拟现实技术不会因为反复拆卸而破坏机械表面，损坏设备零部件，达到保护机器的目的，而且学生可以根据自己的知识技能的短板弱项，对某一机械结构进行重点练习、反复练习，以达到强化技能、熟能生巧的程度。虚拟拆装全程在电脑上进行，解决了高成本、高危险、高难度实验和培训项目的实施痛点，避免了传统教学中由于操作不当引起的油、水、电、气安全事故，提高了实操实训的安全性和流畅性。虚拟拆装具有逼真性和交互性，最大的缺点毕竟不是实物，缺少直观感受。因此，要强化虚实相补，融会贯通，在进行虚拟操作训练的同时，参照实物进行手动拆卸，以达到虚实互补、相得益彰的目的。

（二）情景设计式实践课程教学

学生生活学习于院校相对和平、稳定的环境，长期缺乏惊涛骇浪的海洋环境熏陶和工作磨砺，投身深蓝、建功海疆的意识逐渐淡化，放松了自我要求，甚至是迷失了自我。因此，要着眼信息化智能化教学训练特点，综合运用声、光、电技术，持续强化实践训练场地信息化建设，在实操实训过程中，全面模拟一线工作环境，打造情景教学。用人单位需要什么技能，演训平台就提供和营造什么条件，特别突出学生在紧急情况下处置机械故障的心理素质和专业技能表现，最大限度拉近课堂与社会、座位与岗位的距离，使其成为生成和检验学生实战能力的"准战场"，让学生在近似实况的条件和环境下学、研、训、考，不仅练技术强技能，更练心智强担当。同时，通过设置不同场景以及交互画面，将抽象内容形象化，结合任务引导，把学生从教学的"幕后"推到"台前"，打破枯燥乏味的机械拆装固式，进一步增加实践教学趣味性，激发学生好奇心和探索欲，由学生由内而外驱动实践教学全程实施。

（三）对抗演练式实践课程教学

通过网络学习平台设置对抗演练，根据任务特点，合理编配学生，通常将学生分为红蓝两组，课前向学生下发对抗任务，预留充足时间，使两组学生进行充分研讨。在实操实训过程中，教师以"导演"身份参与红蓝双方学生的全流程虚拟对抗实训，依托软件给红蓝双方的轮机设备设置不同故障，例如冷却水温度过低或润滑油黏度偏高等，锻炼学生协同配合能力，锤打学生解决故障技能，督促双方以最短时间恢复设备功能，高效完成任务。待对抗演练模拟实训结束后，教师依托数据平台和实时动态视频系统对整个过程进行全方面、多角度"复盘"，点评红蓝双方对抗演练过程和每名学生表现，提出针对性学习训练方案措施，确保培养出的学生走出校门就能上岗履职。

四、典型实践课程信息化教学设计与实施

坚持教为主导、学为主体，充分利用信息化技术，将虚拟与现实进行有机结合，做好实践教学的总体设计（见图3-7）。

课前预习阶段	课中实施阶段	课后强化阶段
发布预习内容	视频导入	持续开放实践实训场地
明确重难点知识	渲染氛围	学生自行"加班补学"
开放实践实训场地	高清投影	作业反馈
开展预习测评	研讨交流	完成下次课程内容预习

图3-7　实践课程信息化教学设计

（一）课前预习阶段

（1）提前两到三天通过网络学习平台发布预习内容，明确实践内容和重难点知识，以及需要使用的工具和拆卸的设备，并将与此次实训内容相关的论文、微视频以及多媒体教材同步传输到平台，供学生随时取用。

（2）开放实践实训场地，方便学生通过虚拟操作平台提前了解实操内容，以及对拆卸设备进行初步探究，并准备好相关专业工具。

（3）开展预习测评，通过网络平台发放测评卷，打破场地和时间限制，学生利用课余时间进行在线测评，及时分析结果，检验预习效果，全面掌握学生预习情况和存在的疑难点。

（二）课中实施阶段

（1）通过视频导入故障案例，创设情景，激发学生学习兴趣，引出此次

实训课程内容，同时向学生抛出问题：如果你遇到类似情况，除了按视频中讲解的方法进行操作外，是否有最优解，引导学生主动分析问题、解决问题。

（2）渲染惊涛骇浪紧张氛围，锤炼学生心理素质，紧盯学生现实表现，及时进行训练引导，既练心也练技。

（3）采用摄像头+投影"微距放大"的方法，通过高清投影系统，对一些复杂机械的内部结构进行投屏放映，方便学生一边清楚观看教师演示全过程，一边在虚拟仿真平台上动手实践。

（4）利用软件建立交流室，教师以"旁观者"身份全程观察学生研讨交流，总结和找寻解决问题最佳方法，并指导学生在机械设备实物上进行操作，直至协力完成任务。

（三）课后强化阶段

（1）实操实训课程结束后一到两天内，继续开放实践实训场地，让学生充分利用课余或闲暇时间，针对本次课程学习的短板弱项进行"加班""补课"，不断完善个人能力水平。

（2）通过网络学习平台向学生反馈课后作业情况，并针对每个学生的错题以视频形式进行讲解分析。先由学生查阅相关资料自行订正错题，如果学生仍然查找不出错题症结所在、方法所在，学生可以打开教师预留讲解视频，按照引导，逐步在实验平台进行操作，直至问题解决，加深学生对错题的理解和认识。

（3）再次通过网络学习平台，接收教师发布的下次实践课程学习内容，结合实践场所实物，提前做好预习工作，完成预习任务。

依托信息化技术，全面升级实践教学全流程，充分调动学生学习积极性，同时突破常规教学方式方法，解决传统教学的难题痛点，全面提升实践教学成效。但信息化教学软硬件设施基础投入大、系统维护费用高，要求教师具备熟练掌握信息化技术的能力。因此，我们必须紧紧抓住信息化技术浪潮，不断优化设计，加强信息化教师队伍培训，积极探索新教法，综合运用信息化技术新优势，在育人成才上不断取得新突破、新进展。

◆◇ 第三节　数字技术赋能装备教学质效提升

中国教育装备的未来，是科技进步与教育改革的交叉重叠，装备教学作为一种注重学生动手能力培养、强化学生职业技能提升的教学模式，在轮机工程专业教学中占据着重要位置。随着数字化信息化时代的到来，数字技术正迅速改变着传统教育的面貌，成为装备教学创新甚至变革的强大驱动力，悄然催生和激发装备教学发挥更大的育人潜力和更强的教学能力，供给更高质量、更为多元、更有效率的教学课堂，推动教育教学从"有质量"迈向"高质量"。

一、认识装备教学

谈到装备教学，必然离不开教学装备，装备教学依靠教学装备实施，教学装备为装备教学服务，二者相辅相成，互相配合补充。装备教学紧贴课程实施，贴紧学科实践，在装备教学实施过程中，通过运用装备实物和模象直观的教学器具，推动课本知识教授向实践技能传授迁移，促使学生加速专业内容的消化吸收，提速理论知识向动手能力的转化，快速掌握装备内部构造、工作原理、性能特点以及操作使用方法，增进对专业装备的情感，精进行为养成，久而久之形成清晰的岗位导向，增强职业认同感和归属感。

二、数字技术赋能装备教学具备信息化功能（见图 3-8）

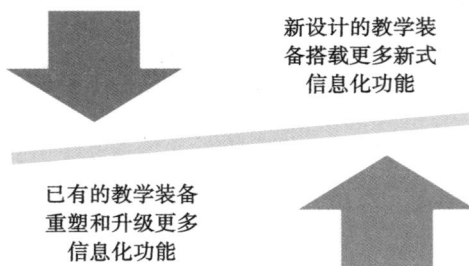

图 3-8　信息化功能实现方法

以现代教学理念为指导，以信息化技术为支撑，通过运用电子化、数字化、智能化、自动化等信息化技术，打造、改进、升级教学装备，优化教学过程，丰富教学方法，创新教学手段，使教学表现形式更加出彩和多元，由传统课堂"师—生"二元结构转变为"师—机—生"三元结构，全面提升学生在教学中的参与度和获得感，保障教育教学过程高质量实施，推进教育资源数字化、管理智能化、学习社会化和学生成长个性化，为实现优质教学、办好人民满意的教育提供有力支撑。

（一）新设计的教学装备搭载更多新式信息化功能

紧跟当前教育教学趋势，在教学装备研发、设计、制造之初，坚持开门问计、坚持实用导向、坚持实效为先，广泛征求意见建议，根据教学装备需要承担的教学任务，进行教学装备信息化赋能设计，紧跟专业技术发展形势，搭载更多新式装备教学功能，丰富智能教室、智慧课堂、自适应学习、学情智能诊断等场景应用，增强教学过程中的创造性、体验性和启发性，为高效实现教学目标打下基础。

（二）已有的教学装备重塑和升级更多信息化功能

其一，通过嵌入式途径，将最新信息化技术器件和系统嵌入到已有的教学装备中，使"老"教学装备焕发出"新"生机，满足师生多样化和个性化授课和学习需求，以数字化、智能化、智慧化手段提升教学装备性能和服务教学效能。其二，通过集成式途径，将信息化教学装备联网，进行动态更新和赋能，使之重组成为具备强大功能的新系统、新装备，构建新型教学范式，以教学装备信息化推动装备教学现代化。

三、数字技术赋能师生教学关系展现（见图3-9）

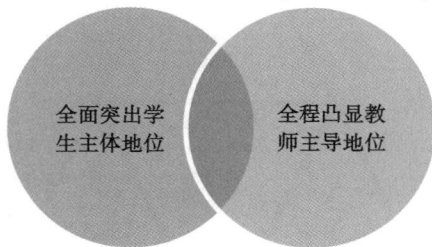

图3-9　数字技术赋能师生教学关系展现

（一）全面突出学生主体地位

学生是课堂教学的主人，一切教学活动围绕学生这个主体展开和实施，在装备教学过程中，充分运用数字技术，把握学生群体特征与个体差异，为学生提供形象化、具体化的教学环境，多样化、个性化的学习形式，调动学生的学习积极性、自主性、主动性，使学生更加直观地了解知识内容，提高学生对知识的理解和掌握能力。同时，通过装备教学信息化对学生的引导、帮助和扶持，进一步还课堂于学生，由"教师讲"向"自己学"转变，把教师的"一言堂"转变为学生的"众人堂"，打破教师从头讲到尾，学生闷头听到底的困境，让师生间、生生间的交互式学习成为常态，促使学生进一步走到课堂中心，更加自主地学习和探究，从"要我学"转变成"我要学"。

（二）全程凸显教师主导地位

教师是教学活动的"引桥"和"路标"、教学一线的组织者和引领者，教学方向、内容、方法由教师设计和决定，在装备教学过程中，通过综合运用信息化技术，全面呈现教学内容，激发学生的好奇心、想象力和探求欲，引导学生进行自主学习和同学间帮扶性训练，使教师由课堂的"演奏家"变成教学活动的"指挥家"，把自己融入学生解决问题的情境之中，促进学生充分发挥自身的潜力，主动接受知识，形成能力。同时，通过数字技术帮助教师及时获取学生的学习数据，全面摸底学生的学习情况，实现课前预学、课上共学、课后研学的全过程的指导和主导。

四、数字技术赋能装备教学新优势（见图 3-10）

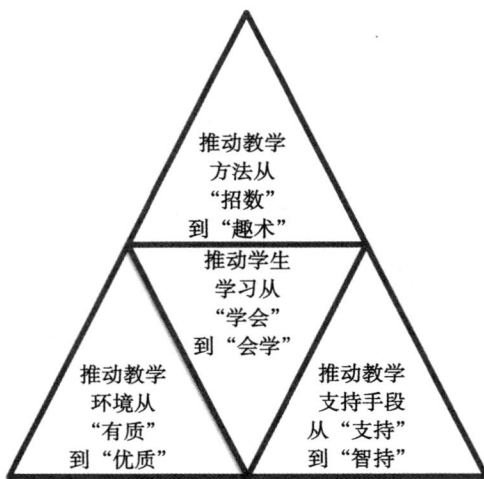

图 3-10　教学技术赋能装备教学新优势

（一）推动教学方法从"招数"到"趣术"

数字技术与教学方法的深度融合，不断改进着教学方式，改变教学课堂呈现，推出教学新方法、新手段。一是利用动画、视频生动形象地展现装备教学内容，把枯燥乏味的专业知识，做成声情并茂的动画演示，助力学生理解和掌握重难点知识。二是通过学堂在线、MOOC等在线学习平台，拓展学习空间，在教学过程中，实现"多师辅导一生"。学生既可以通过询问任课教师关于疑惑困点知识的专业解答，在任课教师利用教学装备进行面对面演示、手把手教学中完成学习，也可以通过观看与本次授课内容相关的在线课程视频，在不同老师对同一个内容的讲解下，自己尝试进行操作，在锤炼专业动手能力的同时，进一步培塑胆大心细的职业情感和工作态度。三是把在线教育游戏融入装备教学，将专业知识并入游戏之中，学生通过一次次解答专业知识和在游戏中进行装备拆装，完成游戏"通关"，增强学习趣味性和互动性，促使学习效率大步提升。同时，也可以依托专业游戏完成知识测评，将学生进行分组，通过游戏比赛，摸底学生完成专业知识学习的情况。

（二）推动教学环境从"有质"到"优质"

教学环境在装备教学中具有激励性、陶冶性和导向性功能，潜移默化培养学生开放性、创造性思维，引导学生养成主动思考问题、勇于解决问题、敢于破解难题的学习习惯，装备教学在数字技术的加持下，教学环境正从"有质量"到"优质量"转换。一是基于大数据和人工智能，联合专业属性相似的相关院校打造虚拟学习社区，组建跨校际、跨地域教师群和学生兴趣小组群。在教师群的帮带指导下，助力不同院校学生一同开展专业知识难题的集智攻关，推动学生进行合作式、个性化学习，激发学生的协作能力，提升专业技能水准。二是共享远程教学装备，突破院校装备购买经费审批时间长、企业装备制造周期长、教学装备与教学任务不匹配等限制，特别是高精尖仪器和大型装备，院校很难一时配齐，制约着教学质效和学生研究能力的培养。依托数字技术，学生可以远程学习和操作最新教学装备，学习专业领域内的新技术、新应用，解决新装备不足、现场教学环境匮乏、教学条件不完善等现实问题，克服院校教学装备与装备发展严重脱节或滞后的现象，深化学生对新知识、新技能的掌握，打通课堂座位和任职岗位的"最后一公里"。三是通过模拟训练系统的嵌入式技术，创生半实半虚教学装备，应用于装备教学，解决人员、装备、场地等诸多条件的限制。在不损坏教学装备零部件表面质量和装备关系以及保证实训安全性的情况下，半虚拟教学装备可以方便学生进行无限次操作和演示，强化专业技能训练；半实物教学装备可以给学生最直观的感受、最真实的反馈，打破虚拟教学装备容易导致认知障碍的弊端，实现真实训练与模拟训练彼此交互和相辅相成。

（三）推动学生学习从"学会"到"会学"

师之教、生之学是教学环节中的主要活动，而生之学，贵自主。在装备教学过程中，借助数字技术，激发学生的参与意识，使学生主动参与体验、参与实践，主动探索自学之道和求知之法，不断获取知识，丰富自己，在主动参与学习中获得发展。一是在学习过程中，学生不再等靠教师，而是转变思维方式，主动靠前。遇到知识困局和面对复杂装备结构时，学生可以借助搜索引擎，快捷高效获取海量的学习资料和丰富的学习资源，拓宽专业视域。同时，将自己得出的学习答案和解决方案，与专业教师进行交流沟通，形成最终结果，逐渐树牢自学意识和终身学习思维，以便学生再遇到类似学习困惑时，驱使自身主动学习，不使疑难问题堆积，以免失去专业学习兴趣。二是助力学生进行个性化学习。每个学生都是独立个体，具备独特行为，有自己独一无二的想法和思维。装备教学过程中，数字技术可以快速识别学生的弱点和优势，并基于学生的学习数据和兴趣爱好，创造出一个相对自由的学习氛围。依托智能化学习推荐系统，为学生提供个性化学习方案，学生可以根据个人需求和兴趣找到契合自己的学习教育方式，促使学生在更加舒适的状态和适宜的环境中围绕教学装备进行研究，在主动获取知识的过程中，多维度发展智力和挖掘潜能。三是进行高效学习，数字技术助力学生在学习过程中做到"有的放矢"，围绕装备教学的教学目标及重难点知识，通过学习算法和模型支持，辅助学生对重点知识进行精学细练，不重要的知识选择简单学和自发学的方式，一改传统教学存在的弊端。同时，根据学习进度和个人情况及时调整学习方法，不再对所有内容知识"胡子眉毛一把抓"。或者抓不到重点，本该要求学生掌握的重要学习内容"一笔带过"，作为了解部分的知识反而着重讲解，出现"本末倒置""买椟还珠"的现象，浪费教师的教学时间和学生的学习精力。通过高效学习，与一刀切教学方式形成鲜明对比，使学生可以保持旺盛精力和良好精神风貌，推动学生完成从"学会"到"会学"的转变。

（四）推动教学支持手段从"支持"到"智持"

数字技术赋能教学支持手段能够进一步解放教师，激发学生学习活力，以及保存高效的智能行为，推动教学实施和人才培养迈向"快车道"。一是突破传统教学作业批改费时费力的现象，在装备教学过程中，通过运用数据扫描采集、学习算法和自然语言处理等技术，高效采集学生日常作业数据，自动化进行作业批改，即刻生成相关学业数据：哪道题错误率最高、哪个学生经常在哪种类型题目上出错、全班学生的整体作答情况，科学评估阶段性学习效果，实时上传云端保存数据，方便教师第一时间了解情况，并及时指导学生纠正学习偏差和知识错误。二是建立个性化学习跟踪机制，通过学习跟踪系统，实时跟踪学生的学习进度和表现，随时记录学生的上课情况、作业情况、课后交流情况等，在全面摸底学生学习情况的基础上，了解学生的学习偏好和学习困难，针对不同学生的学习和成长困惑，进行智能化辅导与答疑，对学生的学习活动做出迅速有效的响应。在跟踪不同学生学习流程中，发现问题要及时介入，帮助学生解决问题，不断树立在装备教学中的学习信心，改善学习态度、培养学习思维、养成学习习惯。三是通过数字技术建立教学评价体系，在"教师导学、学生自学、师生共学、延伸辅学"过程中，开展课堂嵌入式、课后补充式评价，创新评价过程，贯穿学习始终。在评价对象上，既有学生评价教师、学生评价同学，也有教师评价学生、教学督导组通过查看实景录像评价整堂教学师生表现，从单一阶段性教学评价走向全员实时性课堂评价，使评价更加全面、客观。在评价时效上，学生和教师可以随时进入评价系统，查看来自多方的评价，并在尽可能短的时间内改进，同时也为学生个性化培养提供建设性意见。对于多次评价较差的学生，按照"轻重缓急"四个层级进行学习预警，督促教师及时与学生谈心交流，打造知心暖心氛围，升华师生关系，推动实现"有温度、有态度"的教育。

教育数字化已成为教育发展的必然趋势，在高等教育数字化转型浪潮中，充分认清装备教学对于提高人才培养质量的重要意义，全方位、多角度进行数字技术赋能，推动教学手段、教学环境、学习形式以及教学支持手段向"智能增强、虚实融合、人机协同"靠拢和转变，深化装备教学内涵，以数字技术为引擎，推进教育数字化，引领轮机工程专业装备教学创新发展。

◆◇ 第四节　轮机模拟器的建设应用

轮机模拟器作为轮机工程专业典型的教学装备，以新型、大型船舶为母型，利用 C#、3Ds MAX、Unity3D 和 Maya 等技术将实船结构及机舱内部设备虚拟化，搭配操作界面，高精度、高逼真模拟船舶复杂工况，全任务虚拟交互操作，实现了专业学习的三维化和智能化，在提升教学质量，培养轮机工程专业人才中发挥着重要作用。

一、轮机模拟器的组成

不同类型轮机模拟器基本参照实船进行结构设计和设备布局，在组成上大同小异，通常由模拟机舱、集控室、电站系统、驾控台、教练员台等组成（见图 3-11）。

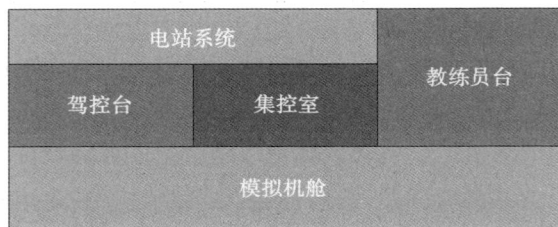

图 3-11　轮机模拟器的组成

（一）模拟机舱

将船舶机舱内的主推进系统、辅助系统（发电机、泵、管道、阀门、冷却系统、燃油系统、润滑系统和控制系统等）和轮机设备（锅炉、冰箱、空气压缩机、分离器、过滤器、除湿器、焚烧炉、应急照明和通信设备等）以及其他工具及备件进行虚拟仿真建模，构建模拟机舱。同时，搭配音响系统，动态同音模拟各种机舱设备正常运转和非正常运转声音，营造逼真的环境氛围。

（二）集控室

集控室一般由主控台和配电板两部分组成，其中，配电板通常为变压器的控制面板和机舱各类泵的启动面板，主控台主要作用为控制主、副机和发电机的启动和关闭，并依托报警系统对其工况进行全时监控。报警系统根据装

（设）备运转情况进行数据分析，适时发出工作警报，通知值班人员及时进行故障排除和功能修复。

（三）电站系统

电站系统主要由电源设备和配电装置组成，具体为主电源、应急电源、辅助电源、岸电箱、主配电屏、应急配电屏、发电机保护设备、配电网络以及电网保护设备等，同时对其运转情况进行监视、控制和保护。

（四）驾控台

驾控台一般为船舶中部的上层建筑，高出甲板，主要由操舵室、海图室和报务室三部分组成，包括主机遥控操纵台、主副车钟、导助航仪器、通信设备、报警装置、操舵系统、应急切断装置、电子海图以及设备操作手册等设备和物品。

（五）教练员台

教练员台用于操作演示，设置船舶的各种工作状态，以及模拟各类海况和工况，并对仿真程序进行控制。

二、轮机模拟器搭载的功能（见图 3-12）

图 3-12 轮机模拟器搭载的功能

（一）书籍资料考试模块

1. 教材系统

全部专业课程分门别类地嵌入轮机模拟器，形成教材系统模块。在上课过程中，学生可以通过操作页面选择教师正在讲授的课程知识和章节内容，并随时通过搜索引擎，查找与课程内容相关联的专业知识，拓宽思域视野。在自学阶段，学生可以通过系统自读模式，实现教材的"听书"功能。另外，使用轮机模拟器的教材系统，既可以节省购买教材的费用，又可以根据全球轮机技术发展，及时将创新技术加入教材，引入课堂，突破纸质教材更新速度慢、出版周期长的弊端。

2. 考试系统

在考试系统中，可以根据教师的设置，自动生成试卷，既方便考查学生理论知识的掌握程度，又可以依托系统进行轮机装（设）备拆装，模拟和设置实船故障，让学生在规定时间内检查、判断和分析故障征象，并完成后续维修任务，以检验学生的实践动手操作能力。抑或是进行专业能力摸底，通过轮机模拟器，查验学生完成备车、航行值班、随船保障、靠离港等各项任务的能力，并对实操任务进行自动评分和过程追溯，以考促练，以练促学，全面考查和提升学生的专业水准。

（二）漫游仿真故障模块

1. 漫游系统

结合船舶机舱的实况实景，对机舱的整体环境，主动力装置、发电柴油机、推进装置等轮机装（设）备布局，燃油、滑油、淡水、海水等管路系统布置，温度传感器、压力检测仪等仪器仪表分布进行建模，创建交互式船舶虚拟漫游系统，逼真地再现船舶结构。通过漫游系统，学生可以身临其境地参观船舶、了解船舶和熟悉船舶，在漫游过程中，对感兴趣的轮机设备，可以随时通过操作鼠标，进行装（设）备3D展示和结构拆装演示，使学习更直观，知识获取更直接。

2. 故障系统

在轮机模拟器中，按照故障时机（早期故障、突发性故障、渐进性故障、复合型故障）、故障原因（人为故障、自然故障）、故障部位（主动力故障、副机故障、电气故障、辅助机械故障、甲板机械故障）、故障性质（轻度故障、一般故障、严重故障、致命故障）、故障相关性（本质故障、从属故障）等设置故障系统，完整模拟船舶机舱装（设）备各类故障，方便学生通过故障系统训练，了解故障发生征兆，掌握故障处理方法，熟悉故障排除流程。在反复故障训练中，逐步完成知识向能力的迁移、转化，最终达到任职所需的专业能力水平。

（三）拆装操作模拟模块

1. 拆装系统

在轮机模拟器拆装系统中，一些与专业课程密切相关的轮机装（设）备都是可以一键拆解和分步组装的，既可以拆装系统，也可以拆装内部结构。同时，可以动态展示零件间的装配关系，对零部件组装的力矩大小和贯穿螺栓的上紧程度进行提示说明，将理论知识与专业实践紧密结合，潜移默化中强化学生的专业思维，加速形成专业能力。

2. 操作系统

依托轮机模拟器，在操作系统中，基于多人协作即时信息交流、场景角色同步交互、自动化管理和网络化监视等功能，学生既可以选择触摸型和半实物型轮机模拟器形式，进行认知和虚实一体操作，也可以选择单机和团队协作型模式，强化个人专业能力和团队协作能力。尤其是在团队协作型模式中，学生互相担任不同角色，通过完成一体式任务，进一步明岗知责，针对性锤炼胜任该职该岗的专业能力，实现专业知识从学到用的转化。

三、轮机模拟器的特点

（一）多元化与多维化

根据教学任务需要，轮机模拟器可以随意切换多元化的任职场景，设置综合性故障，通过全方位的学习、操作和演练，学生可以掌握多种工况下轮机装（设）备操作使用维护方法。同时，轮机模拟器打破常规空间限制，为学生呈现多维化船舶环境和立体式轮机装（设）备空间结构，使学生可以在 3D 视角下 360°旋转观看轮机装（设）备，全面了解和掌握轮机装（设）备内部组成、拆卸、组装细节以及要点。

（二）安全性与互动性

轮机模拟器将金属结构以及油路、水路、电路虚拟化，突破实船训练高成本、高风险、高损伤性、高耗时、高能耗、高污染等局限。在教学过程、拆装结构以及熟悉装（设）备的具体实践中，避免了学生由于操作不当或者没有遵守用电安全规定，引发安全事故，造成人身伤害。另外，借助轮机模拟器即时沟通系统，师生可以动态进行专业性互动交流，根据教师设定的题目进行线上讨论，教师通过系统数据传输，及时了解和掌握学生的想法和做法，并进行科学引导，提高课堂活跃度和教学效率。

（三）真实感与氛围感

在轮机模拟器教学中，可以通过数据和模式改变，营造多种海况，将学生置于不同环境，打造真实工作场景，使学生在高压状态和紧急情况下进行轮机故障排除，教师及时进行引导，开展课程思政，使得学生在轮机模拟器训练中，既锻炼了心智，也磨炼了专业技术。同时，在轮机模拟器中，通过一系列轮机设备布局，营造出强烈的专业氛围感，潜移默化地引导学生加强专业知识学习，进行自我能力提升训练。

四、轮机模拟器在教学中的应用（见图3-13）

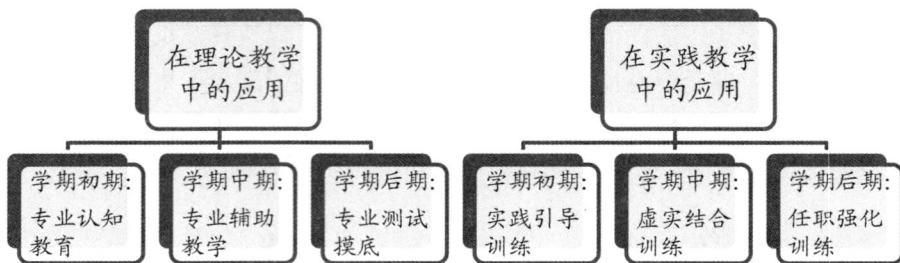

图3-13　轮机模拟器在教学中的应用

（一）轮机模拟器在理论教学中的应用

1. 学期初期：专业认知教育

根据以往教学经历发现，在轮机概论、船舶主推进动力装置、船舶辅机、船舶管理、船舶电气与自动化等课程中，涉及机械结构和工作原理的知识较多，学生几乎没有接触船舶和机舱装（设）备的既往经历，学习这些课程内容和专业知识时，显得十分被动和吃力，甚至是一头雾水。借助轮机模拟器，在学期之初，通过教师的操作演示，向学生总体介绍船舶机舱的整体结构、船舶主要机电装（设）备以及相关系统和彼此之间工作配合关系，帮助学生初步形成轮机概念，熟悉第一任职工作环境，清晰专业学习目标，为后续深度学习课程专业知识打下基础。

2. 学期中期：专业辅助教学

随着理论知识学习的不断深入，在教学中期，讲解复杂机械设备结构和工作原理的理论知识时，教师借助轮机模拟器，结合课本知识进行讲解和操作演示，通过操作显示屏直观地向学生展示机械设备复杂的结构和错综的配合关系。同时，引导学生根据自身对理论知识的初步理解，通过个人动手操作轮机模拟器，反向强化理论知识学习，突破轮机理论知识教师难讲解、学生难理解的局限，提升学生对理论知识的理解和掌握程度，推动专业课程教学从有质量迈向高质效。

3. 学期后期：专业测试摸底

通过轮机模拟器的考试功能，可以随时、随堂、随机测试学生的专业知识掌握情况，并通过考试成绩智能分析系统，短时间内完成试卷批改，生成学习成绩，整合分析各项数据，形成学生个人画像。既可以节省教师出试题、改试卷的时间和精力，又可以根据考试数据分析结果，第一时间掌握每名学生的学习情况，及时进行查漏补缺，强化学生的专业能力基础。同时，理论考试也可以通过学生操作轮机模拟器来完成，打破以往纸质试卷问答的固式，打造三维立体考试模式，使考核更全面、更具体，提高专业考试的精准度，掌握学生实际学情的精确度。

（二）轮机模拟器在实践教学中的应用

1. 学期初期：实践引导训练

面对复杂的轮机结构和各式各样的拆装工具，初次接触专业课程的学生往往摸不着头脑，理不清思绪，"东抓一把，西抓一把"，无从下手。通过轮机模拟器的拆装演示，向学生直观形象地展示拆装流程和注意要素，引导学生按步骤、分层次、由表及里、由简到繁地拆装。在拆装演示过程中，同时对拆装工具的选择以及工具的使用条件进行细致解说，激发学生的安全操作意识，以免在实物拆解过程中，由于学生的误操作、乱拆解和不合理拆装，造成轮机装（设）备的损伤、设备表面质量的损害以及装配关系的破坏，或者由于操作不当，引发操作意外，发生安全事故。

2. 学期中期：虚实结合训练

在学期中期，随着实践内容转向体系化和复杂化，开始从初期的引导学生训练，向学生进行自我训练调整。通过轮机模拟器与轮机（装）设备实物结合，既可以解决实践场所轮机（装）设备匮乏、无法覆盖全员的弊端，又可以通过升级轮机模拟器系统程序设置，将轮机的新技术、新应用以及不同类型的轮机装（设）备引入教学，减少设备购买经费贵、购置周期长的阻碍，全面提升学生的专业能力。同时，在轮机模拟器与轮机装（设）备实物结合训练的过程中，学生可以一边观看轮机模拟器的动态展示，一边进行轮机装（设）备实物的拆装和故障处理，大幅度提升学生的动手操作能力，树立主动解决故障、处理问题的思维意识。

3. 学期后期：任职强化训练

在学生学完全部专业知识后，可以借助轮机模拟器，对学生进行岗前强化训练，加速任职能力的生成。通过轮机模拟器的程序设置和功能选择，引导学生运用综合知识，进行船舶出入坞操作、正常备车进出港以及机舱值班训练。或是通过设置在航行过程中的各类轮机常规故障和突发故障，引导学生进行合作式练习，通过师生间交流、生生间配合，强化学生解决综合故障的能力。同时，通过轮机模拟器营造恶劣海况，将学生置于紧张的工作氛围中开展专业抢修和随船保障工作，锻炼学生专业技能的同时，磨炼学生的精神意志，强化学生心理素质，缩短学生适岗时间，确保到岗即用。

◆◇ 第五节　打造轮机工程专业教室

为了提升轮机工程专业人才培养质量，培养出更多专业基础扎实、综合素质过硬的轮机管理人才，迫切需要进行轮机工程专业教室建设，立足轮机工程专业教学改革内容，提出轮机工程专业教室概念，阐述专业教室具备的功能、建设方案以及维护管理方法，全面做好轮机工程专业教学工作。

一、轮机工程专业教室概述

轮机工程专业是一门系统性、逻辑性和运用性较强的专业，传统的教室只具备基本的教学功能，很难取得预期的教学效果。在轮机工程专业教室内进行课程教学，既有利于学生借助仪器设备更好地理解课本知识，进行高效学习，又打破了传统教室的空间局限性，方便开展业务实践训练，真正实现讲、学、练的统一。

立足教学过程中学生的主体地位和教师的主导作用，依托多媒体设施、网络设备以及相关的教学软件搭建教学平台，通过柴油机相关结构、空压机、油水分离器等辅助机械实体或等比例缩小模型改进教学手段，利用在教室内的指定位置张贴专业宣传材料，打造专业学习环境。在传统教室的基础上，通过科学合理的优化设计，实现理论教学与课程实践有效融合，抽象和直观有机互补。

二、轮机工程专业教室具备的功能（见图 3-14）

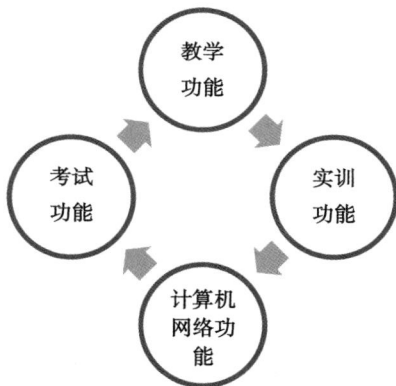

图 3-14　轮机工程专业教室具备的功能

（一）教学功能

由于轮机工程专业学生基本属于初次学习专业课程，在日常生活中几乎没有接触过轮机设备，对于轮机工程专业课程中一些晦涩难懂的内容和抽象概念，缺乏专业知识作为支撑，很难把握住机械设备的工作原理和特性，只能依靠想象力去理解，囫囵吞枣地学习，甚至是死记硬背。为此，在授课开始之前，教师可以带领学生参观专业教室内的轮机设备，在引导学生充分思考的基础上，介绍这些轮机设备的使用环境和用途，让学生形成一定的感性认知。在教学过程中，教师也可以借助专业教室内的轮机设备，通过实物展示、工作原理演示等方式，与学生一起边讲、边学、边练，既活跃了课堂氛围，调动学生的学习兴趣并激发他们的创造性思维，又有利于加深学生对专业课程的理解和掌握，提升轮机工程专业课程教学的质量和效果。

（二）实训功能

轮机工程专业教室内设置有实践操作台，包括轮机设备运行管理区和机械设备检修保养区，每门专业课程的初次实习，均可以在专业教室内开展。进行初次实习的目的是当实践性或抽象性较强的理论课程学习结束后，及时将课本知识转化为学生的实践技能，避免了传统课程在学完所有专业课程后再统一进行实习的滞后性。在实习过程中，可以先由教师进行演示，然后学生依靠自己对课本知识的理解进行实践训练。同时，注意收集反馈信息，及时进行解惑答疑，第一时间消除学生疑虑，避免造成问题堆积。对掌握不牢、理解不深的课程组织学生多学多练，打牢学生的专业技能基础。

（三）计算机网络功能

在轮机工程专业教学过程中，学生可以通过多功能课桌上的互联网电脑，查询相关资料找寻问题答案，解决难题，也可以借助网络及时补充轮机工程专业领域最新知识，打破教材知识更新速度较慢的弊端。在轮机工程专业教室虚拟模拟区，学生可以依托虚拟平台选择不同的机型进行拆装，既弥补了实物训练的不足，避免拆装实物时由于错误操作带来的机械损坏或者人身安全事故，又有利于学生积累丰富的实践经验，确保毕业分配到任何类型船舶上都能完全胜任工作。

（四）考试功能

专业教室各项设施齐全，具备一定的考试功能，在专业教室内不仅可以开展理论考试，也可以进行实践技能考核。第一，开展理论考试时，学生可以依托互联网答题，系统自动评卷，即时公布成绩，节省纸张资源，减少教师评卷时间；另外，教师也可以在电脑上实时监控学生考试的全过程，省去监考人员，提高工作效率。第二，进行实践技能考核时，可以依托专业教室灵活组织学生对轮机设备的使用规程、设备操作和故障排除方法进行考核，以及设置各种环境下的各种故障，考查学生的应急处置能力。例如，在航行过程中，柴油机发生了"拉缸"故障，应当如何进行维护处理，以保证任务的圆满完成。以考促练，提高学生快速反应、协同作战的实战能力，从而进一步提升突发事件的应急响应水平。

三、轮机工程专业教室建设的实施

（一）设计理念

专业教室是基于当前教学改革形势下一种新型的教室形式，轮机工程专业教室建设以提升学生专业能力为牵引，以增强岗位任职能力为核心，基于学校的办学定位和特定环境条件，依据教学大纲和教学内容要求，充分利用学校的软硬件设施，打造出课程理论教学、虚拟仿真教学和设备操作教学三维一体化教学环境，实现教室与学生工作岗位的有机结合。在整个教学环节中，教师依托专业教室可以采用先理后实或先实后理或理实一体等教学方式和多种考核方法，灵活安排教学内容，及时传授新知识、新技能，培养学生可持续发展的能力。

（二）建设方案（见图 3-15）

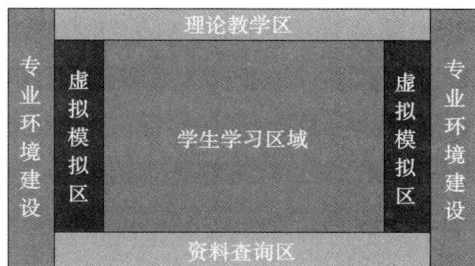

图 3-15　轮机工程专业教室的建设方案

1. 基础设施

基础设施是轮机工程专业教室建设的根本，是确保轮机工程专业教学顺利进行的基础。首先，根据学生数量选定面积适中的场所作为专业教室，既不能离学生宿舍区太远，浪费学生的时间，也不能离学校办公区域太近，以免实践训练时，机械设备发出的金属声响影响他人工作。其次，在教室内配置一定数量的多功能桌椅、专业电脑以及投影仪等设备，合理规划放置位置，形成不同的功能区域，避免造成教学混乱，确保教学过程的快捷、高效实施。

2. 理论教学区

理论教学作为课程教学的基础性过程，是课堂教学活动的关键环节。轮机工程专业教室理论教学区除了配置黑板、讲台等传统教学设施外，为丰富教学手段，提升教学效果，还装配有多媒体教学设施，以便教师可以采用 PPT、慕课、微课等多种教学模式。比如，在讲述分油机工作原理时，由于内容过于抽象复杂，可以借助动画演示向学生展示分油机工作过程。另外，学生书桌全部为多功能桌椅，在教学过程中遇到复杂问题时，方便划分成小组讨论区进行问题探究。小组讨论区可以圆形布置，也可以是相对分隔，或是根据教学任务灵活搭配。教师也可以参与其中，与学生一起开展讨论，营造良好的课堂学习氛围。

3. 虚拟模拟区

在轮机工程专业教室利用仿真模拟软件、互动教学软件和相关设备打造虚拟模拟区，使其具备智慧教室和 VR 教室功能。一是借助线上课程，为学生提供丰富的课程视频资源和同类院校的名师讲座，实现线上、线下教学优势互补，争取教学效果最优化。二是学生可以通过虚拟拆装软件和装备模拟器，在模拟出的实景下，进行船舶轮机设备的维护和拆装，训练和提升学生各种实战环境下的心理素质和专业技能。

4. 实践操作台

在轮机工程专业教室两边走廊区域建设实践操作台，将轮机设备实体搬入专业教室，按照不同工作系统和管路颜色进行合理放置。例如，海水管路涂成绿色，滑油管路涂成黄色。在购置轮机设备时，出于节约资金的目的，不用全部购新，可以将一些老旧设备除锈打磨和喷漆翻新。在教学过程中，为了将课程内容讲解清楚、透彻，教师可以结合实践操作台的设备实物进行授课，学生在课后或上课过程中，也可以利用实践操作台进行实操训练，以练促学，加深对课程内容的理解掌握。

5. 资料查询区

在专业教室后部区域放置一排文件柜和一定数量的专业电脑，文件柜内按课程分类摆放相关专业书籍和资料，形成轮机工程专业教室资料查询区。首先，学生可以在资料查询区查阅相关学术资料，完成教师布置的作业或撰写专业论文，充分发挥"专业图书馆"的功能。其次，学生可以利用专业电脑，及时了解先进轮机设备以及目前正在使用的新技术，开阔学生视野，增加学生知识储备。

6. 专业环境建设

在轮机工程专业教室墙壁四周张贴规章制度、操作流程、注意事项以及船舶柴油机等设备解剖件结构图等，打造轮机工程专业文化墙，营造专业环境氛围。一是通过专业教室的规章制度、操作流程等图示，规范学生实操动作，促使学生养成正确的拆装习惯；二是在船舶机舱实景照片、轮机设备结构图渲染的环境中进行授课教学，犹如置身真实的船舶工作场景，有利于激发学生的学习兴趣，能取得事半功倍的教学效果。

（三）保障措施

为了抓好专业教室建设，按时投入到实践教学，必须制定专项保障措施，加强组织管理，确保专业教室各项工作正常有序开展。如图 3-16 所示。

图 3-16　轮机工程专业教室建设的保障措施

1. 组织保障

在充分调研相关院校专业教室的基础上，根据院校自身实际情况，制定轮机工程专业教室建设、管理规章制度，成立领导小组，选派有经验的人员作为小组成员，指派具体人员负责专业教室仪器设备的购买、安装以及整体推进，遇到问题及时沟通解决，做到任务清晰，职责分明。

2. 建设保障

根据轮机工程专业教室建设计划，把握住关键时间节点，全面推进建设工作。轮机工程专业教室建设一般分为三个阶段。第一阶段，筹备阶段。主要是制定轮机工程专业教室建设方案，选定设计图纸，合理设计专业教室空间布局。同时，依据专业教室仪器设备配置要求，制订采购计划和采购预算，用时一个月。第二阶段，初级建设阶段。作为轮机工程专业教室建设的核心阶段，这一阶段主要开展仪器设备购买、功能区域布置以及总体建设工作，用时三个月。第三阶段，后期建设阶段。主要是根据建设方案进行查漏补缺，以及仪器设备安装调试和验收，确保轮机工程专业教室建设满足预期目标，用时一个月。

3. 师资保障

师资队伍建设作为轮机工程专业教室建设的重要内容，随着专业教室在轮机工程专业教学中的广泛应用，对教师的教学理念和教学行为提出了更高的要求，为此，必须为打造一批理论知识扎实、专业技能过硬的教师队伍做好师资保障。一是制订挂职锻炼计划，积极安排教师亲临工厂一线了解轮机设备使用情况，在实践中增长阅历，丰富教学手段，提高工作能力。二是定期邀请经验丰富的机电专家来校对轮机工程专业教师进行指导培训，传授轮机设备使用和管理经验行业，提升授课教师的技能和专业水平，以便更好地开展教学工作。

四、轮机工程专业教室的管理（见图 3-17）

图 3-17 轮机工程专业教室的管理

（一）日常安全管理

安全工作是专业教室管理工作的重中之重，为了保障专业教室正常、高效运转，必须建立完善的安全管理制度，加强日常维护和管理。一是制定专业教室准入制度，明确专业教室人员资格要求，避免不符合要求的人员进出专业教室造成仪器设备损坏和引发安全事故。二是使用人员登记管理系统，对进出专业教室人员进行实时登记，做到时间、地点、身份、事由"四落实"，规范专业教室使用管理，保障专业教室安全。三是定期对师生开展安全教育培训，强化师生的安全意识，提高师生应对专业教室突发安全事故的能力，做好水、电、气、火、试剂、仪器使用、废液处理等多项工作，消除安全隐患，确保万无一失。

（二）设备维护管理

专业教室设备维护管理质量关系着轮机工程专业教学和实训项目的正常开展，影响着课程教学效果。一是建立设备使用管理条例和安全操作章程，避免师生在实训过程中损坏仪器设备，延长使用期限，确保为轮机工程专业教学提供有效服务。二是建立设备信息管理系统，对轮机工程专业教室内所有轮机设备实体和仪器进行专册登记，尤其要对仪器设备型号和耗材进行严格管理，及时购置更换废旧设备，定期维护检修，以免影响专业教室的正常使用。三是鼓励学生参与专业教室的维护管理工作，既可以增强学生对轮机设备维护管理能力，又可以提升专业教室的使用率，确保学生可以随时使用专业教室的仪器设备，加强薄弱环节的实践锻炼。

（三）涉密物品监管

由于专业教室部分资料和仪器设备涉及保密信息，因此，必须建立轮机工程专业教室涉密监管系统。一是打造网络监管系统，全程监管学生使用专业电脑状态，发现安全隐患，网络监管系统会立即发出警报，以免由于学生误操作或者对保密操作流程不熟悉造成涉密信息泄露，造成较大损失和不良社会影响。二是指定专门人员负责专业教室涉密设备的维护管理，严格按照有关保密规定执行，严禁安装和运行来历不明的软件和擅自拆卸、更换具有存储功能的部件，加强保密管理，确保信息安全。

轮机工程专业教室不仅可以让学生快速掌握专业知识，全面提升学生的综合能力和素质，而且有利于教师开展科学研究，提升实战化教学水平。但轮机工程专业教室建设并不是一成不变的，必须紧跟发展形势，及时调整专业教室建设布局和补充相关仪器设备，以便真正培养出国家需要的新型轮机工程专业人才。

第四章　课程思政创新与实施

◆◇ 第一节　推动课程思政高质量建设

立德树人是教育的根本任务，其成效是检验学校一切工作的根本标准，课程思政作为落实立德树人根本任务的重要抓手，自 2014 年由上海市委、市政府首次提出后，经过十多年发展，全国高校课程思政建设质量和水平不断提升，人才培养质量明显提高，青年学生思政教育成效显著，全员、全程、全方位的育人格局正在全面构建（见图 4-1）。

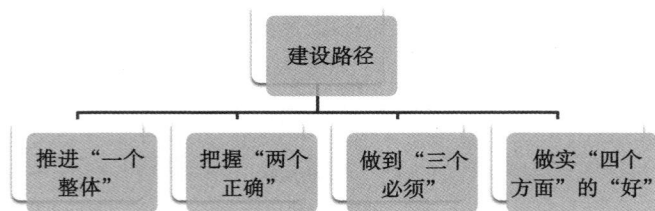

图 4-1　课程思政高质量建设路径

成人先成才，成才先成德，课程思政激发所有课程发挥传播专业知识、传导价值观念、传递精神信念的功能，发挥引导青年学生树立正确世界观、人生观和价值观的作用。2020 年 5 月教育部印发的《高等学校课程思政建设指导纲要》中明确指出："工学类专业课程，要注重强化学生工程伦理教育，培养学生精益求精的大国工匠精神，激发学生科技报国的家国情怀和使命担当。"作为培养具备扎实机电一体化理论知识、操作技能以及良好思想政治素质和行为规范的应用型、技能型、创新型人才的工学类专业，轮机工程专业在专业性、理论性以及实践性较强的课程中，高效开展课程思政教学，构筑有温度、有理性、有信仰的教学课堂，对促进青年学生的全面发展，加速高质量专业化人才培养具有十分重要的意义。

一、盯紧育人目标，推进"一个整体"（见图4-2）

国无德不兴，人无德不立，立德树人的价值旨归是人，立育人之德，树有德之人。青年学生正处于思想定型期、人格塑型期和价值观成型期，也是"德"之需要、"学"之需要最旺盛、最丰富的阶段。"国势之强由于人，人才之成出于学"，紧盯培养堪当民族复兴大任时代新人的育人目标，在推进轮机工程专业课程思政实施过程中，将价值塑造、知识传授和能力培养三者合而为一，融为一体。用价值塑造引领知识传授和能力培养，以知识传授和能力培养承载价值塑造，使思政元素和课程内容协同发挥育人功能，对学生进行提能铸魂，达成传道授业解惑与育人育才育德的统一培塑，助力学生逐步树立正确的世界观、人生观、价值观，不断提高轮机工程专业人才培养质效。

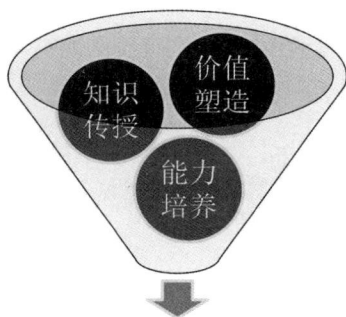

图4-2 育人目标

二、围绕建设思路，把握"两个正确"（见图4-3）

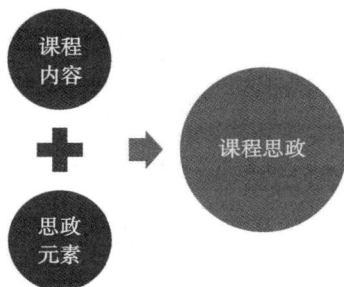

图4-3 课程与思政的融合

（一）正确认识课程思政

课程思政不是一门或一类特定的课程，也不是改变专业课程的本来属性，或者把专业课程改造成思政课模式或者将所有课程都当作思政课程来讲。课程思政作为一种教育教学理念，通过教师在教学环节运用合适、恰当的教学方法和手段，有效激发专业课程的德育功能，在讲解专业知识的过程中，适时、适机、适当地融入课程思政元素，在专业背景下对学生及时进行思想政治教育，达到知识传授、能力培养、价值塑造的一体推进。

（二）正确理解课程与思政的融合

课程与思政的融合，是化盐入汤，融糖于水，其中，思政是盐和糖，课程是汤和水。课程与思政的融合，在体量上，思政元素占的比重相对于专业内容来说要小，是整个教学实施过程中的一小部分；在形式上，是思政元素融进课程内容，把思政元素有机、有序地加入到专业内容中；在机理上，思政元素与课程内容是相互融合、彼此交织的，做到"你中有我，我中有你"；在性质上，思政元素不会改变专业课程的属性和特质，而是进一步强化专业课程的德育功能，使专业课程散发德育光辉，潜移默化地对学生进行教育和引导，取得春风化雨、润物无声的育人效果。

三、立足思政内容，做到"三个必须"（见图4-4）

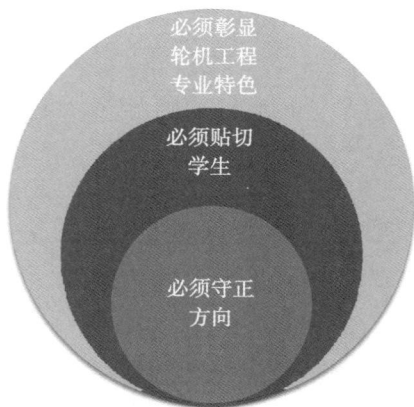

图4-4　思政内容的"三个必须"

（一）必须守正方向

青年时期是学生思维最活跃、求知欲最旺盛、最需要精心引导和栽培的时期。"蒙以养正，圣功也"，高校是意识形态工作的前沿阵地，各种社会思潮不断涌现。因此，轮机工程专业课程思政高质量建设推进过程中，在思政内容的选取上，要以爱党、爱国、爱社会主义、爱人民、爱集体为主线，严把课程思政内容的政治关、价值关和导向关。既要严防任何形式的"低级红""高级黑"，也要理直气壮、大张旗鼓地讲好课程思政内容，让轮机工程专业课程彰显专业价值、思想光辉和理论力量，以透彻的学理分析回应学生，以真理的强大力量感化学生，确保正确价值观念有目的、有计划地对学生施加影响，推动铸魂育人工作往深里走、往实里走、往心里走，引导学生把爱国情、强国志、报国行自觉融入个人成长成才中，扣好人生第一粒扣子。

（二）必须贴近学生

学生是课堂教学的主体，是课堂的主人，一切课堂教学活动必须围绕学生展开，课堂教学的成效不仅在于师之教，更在于生之学。课堂的起点和终点是学生，聚焦引领学生、启迪学生、感染学生，课前从学生立场出发，摸清学生的所思、所想、所盼，加大对学生的认知规律和接受特点的研究，科学设计和选取适应学生、适用专业课程的思政内容，让课程思政内容贴近学生思想，引导学生成长，确保思政内容、课程内容与学生需求三者和谐统一。课中要注重把握教学节奏，全面围绕学生、紧扣学生，通过运用多元教学方法，把道理讲深、讲透、讲活，拉近学生与课程思政内容的距离，推动课程思政内容顺其自然地向学生传输，打造有高度、有深度、有温度的轮机工程专业课堂，完成内容上科学解读、思想上有力解惑、价值上真正解渴的目标，增强学生对课程思政内容的认同感，增加专业课程学习的获得感，引导学生源源不断地汲取精神养分、思想养分和信念养分。

（三）必须彰显轮机工程专业特色

浇花浇根，育人育心，具有轮机工程专业特色的课程思政内容，是课程内容与行业道德等思政元素的融合共生，有助于学生在专业背景的潜移默化、耳濡目染中得到感化和熏陶，使之明晰自身所处的轮机工程专业领域，指导学生未来职业的健康发展。在新工科背景下，结合立德树人的培养目标和学校自身发展定位，充分挖掘学校历史、校友故事、专业领域内的课程思政元素，凸显鲜明的轮机工程专业特质。以轮机工程专业领域内的新技术、新装备、新成果，培养学生探索未知、追求真理、勇攀科学高峰的责任感和使命感；以行业精神、英模故事，激发学生科技报国的家国情怀，培养学生精益求精的大国工匠精神；以红色历史、英雄事迹融入轮机工程专业课程思政内容，厚植家国情怀，赓续红色基因，引导学生在面对困难和诱惑时，做出正确的伦理价值判断，成长为德才兼备的人才。

四、推进课程思政实施，做实"四个方面"的"好"（见图4-5）

组织机制	师资队伍	激励机制	评价机制
• 建立体系 • 成立中心 • 思政督导	• 思想引领 • 提升能力 • 以赛代训	• 精神激励 • 物质激励 • 绩效激励	• 短期长期 • 量化质化 • 内部外部

图4-5 课程思政实施"四个方面"的"好"

（一）要有一个"好"的课程思政组织机制

"火车跑得快，全靠车头带"，一是建立校党委统一领导、业务处室协同保障、教学单位全面推进落实的课程思政组织体系，认真落实主体责任，制定课程思政建设总体规划，并将课程思政建设分批次细化进院校年度工作计划，通过强领导、多联动、通全程、抓关键、推落实等"组合拳"，形成多方联动的新格局。二是成立高校课程思政研究与实践中心，立足课程思政的新理念、新手段和新技术，围绕资源整合、技术赋能以及金课建设等方面，加强理论研究和实践探索，联合全国课程思政专家名师，集智攻关，着力破解阻碍轮机工程专业课程思政高质量建设的基础性、关键性、前瞻性问题，打通课程思政建设实施全过程。三是成立课程思政教学督导组，不仅在"督"，更是在"指导"，在教学末端抓实课程思政实施。通过查阅教案、实地听课、查看教学直播系统以及教学录像回放等途径，深入课堂察实情、看实况，督导授课内容、讲课效果、教师政治倾向等工作，发现问题，及时纠正，对课程思政运用方法不当、运用效果不佳的轮机工程专业教师，第一时间进行"传帮带"，不断提升课程思政实施质效。

（二）要有一个"好"的课程思政师资队伍

"善之本在教，教之本在师"，一是注重思想引领，思想是行动的先导，在日常学习教育中，注重引导轮机工程专业教师深入理解课程思政的丰富内涵，深刻认识实施课程思政的重大意义，科学把握课程思政与育人的关系，形成强烈的课程思政自觉意识，以时不我待的紧迫感、使命如山的责任感不断增技能、强本领，在备课和课程实施阶段，高标准、高质量抓好课程思政教学准备和课程思政高效融入课堂工作，使广大轮机工程专业教师在潜意识里注重课程思政教学。二是提升教师育人能力，教书育人不是机械化的工作，课程思政也不是课堂教学的额外任务，应以提升教师课程思政能力为主线，通过师资培训的方式分学期、按阶段逐步强化课程思政育人能力培训，依托教学沙龙、辅导讲座、思政课示范课教学观摩交流等活动，加强轮机工程专业课教师与思政课教师之间的沟通交流，不断提高轮机工程专业教师的师德修养和专业能力。三是以赛代训、以赛代教，通过组织院校课程思政教学比赛和鼓励轮机工程专业教师参加国家级、省部级课程思政教学比赛，发挥教学比赛的示范带头作用，在相互学习、相互交流中，学习优秀教师在课程思政教学设计、教学技巧和价值引领等方面的技术手段，对照自身，弥补短板弱项，不断提升教师课程思政教学能力，努力培养一批基本功扎实、能力突出、可以影响几代学生的轮机工程专业优秀课程思政教师。

（三）要有一个"好"的课程思政激励机制

善用、巧用激励方法，长效激发课程思政建设动力。一是精神激励，通过定期评选课程思政优秀教师，树立课程思政教学先进典型，表彰课程思政教师年度人物，利用灯箱橱柜、校园广播、院校官网以及微信公众号等，大力开展轮机工程专业优秀课程思政教师宣传活动，由内而外激发广大轮机工程专业教师以榜样为镜，见贤思齐，不断向先进学习、向典型靠拢、向榜样看齐，强弱项，补短板，形成比学赶帮超的良好氛围。二是物质激励，分学期组织开展课程思政优质课评比，对于自己的课程被评为优质课的轮机工程专业教师，在教学工作量核算方面增加一定系数，提升教师课时费，提高教师的工作报酬。也可以通过设立课程思政专项经费的方式，资助和保障教师课程思政项目实施，解决教师课程思政项目重、经费少的燃眉之急和后顾之忧。或者通过提升工资档次等其他福利待遇，全面激发轮机工程专业教师钻研课程思政的活力和动力。三是绩效激励，把参与课程思政改革、推动课程思政建设以及提升课程思政教学实施效果，作为教师职称评审、岗位聘用、评优奖励以及选拔任用的重要依据，以实实在在看得见的激励，带动广大教师积极投身课程思政建设，推动形成"人人懂思政、人人善思政、人人讲思政"的工作格局。

（四）要有一个"好"的课程思政评价机制

科学评价，才能科学指导。一是短期评价和长期评价相结合，课程思政的实施效果，有些可以短时间内看到，比如教学方法是否有效、课程思政课堂氛围是否浓厚；有些需要长期去验证，例如轮机工程专业学生毕业质量、用人单位的意见反馈。只有将短期评价和长期评价相结合，才能更好地用好评价这根"指挥棒"。二是量化评价和质化评价相融合，在课程思政评价过程中，综合运用量化评价（比如：开展了几次课程思政、融入了多少贴近课程内容的思政元素）和质化评价（比如：课程思政元素是否存在"贴标签"的现象、是否有效改变了学生的价值观），全面提升课程思政的有效性和针对性。三是内部评价和外部评价相协同，学生是课堂教学的第一受众，学生在轮机工程专业课程思政评价过程中最有发言权，也最有话语权，因此，在评价过程中，必须注重收集学生对课程思政实施过程和实施效果的反应和反馈。轮机工程专业教师作为课程思政的一线指挥者，其自我感知、自身评价、自我反思也可以有力提升课程思政教学。另外，院校教学督导组专家的评价，以及通过随机抽取轮机工程专业教师教学录像，交由校外课程思政专家评价，也是课程思政建设的有力指导。综合运用内部评价和外部评价，不断校正、不使偏移，确保课程思政始终保持正确方向、正确轨道。

在轮机工程专业课程思政建设过程中，要理清思路，把握步骤，既不可不分主次，胡乱建设，也不可使思政元素和课程内容"强黏合""硬拼接"。在课程思政这项体系工程中，要着重做好顶层设计，夯实实施基础，在关键处发力，在成效上用劲，推动轮机工程专业高质量建设和创新发展。

◆◇ 第二节　正能量歌曲嵌入课程思政有益尝试

一、正能量歌曲育人价值分析

音乐能对人的道德、精神、情操、行为产生直接或者间接的影响，歌曲作为音乐的一种表现形式，特别是正能量歌曲常常蕴含着精忠报国的爱国情怀、自强不息的奋斗精神、匹夫有责的担当意识和舍生取义的牺牲精神，以其壮怀动情的歌词、铿锵有力的旋律、直击人心的演唱在一定程度上可以极大地教化人、鼓舞人和成就人。青年学生正处于世界观、人生观、价值观打底塑形的关键时期，在轮机工程专业教学中，创造性引入贴近教学内容的正能量歌曲，全面激发歌曲的德育功能，引导青年学生在专业学习背景下正心明志、立德修身。

二、歌曲嵌入课程思政的展现形式

在轮机工程专业教学中，将歌曲（MP3、MV 等）以超链接的形式嵌入到课件中，当教师讲到相关知识点时，瞬时、顺势打开与专业内容匹配度较高的正能量歌曲，既能调节课堂氛围，激发学生学习兴趣，又可以潜移默化地在专业知识的学习中完成思政教育，达到补钙壮骨、固本培元、启智铸魂的目的。

三、歌曲嵌入相关课程教学示例

（一）滤清器与歌曲《廉，廉，廉》

1. 滤清器（见图 4-6）

柴油机滤清器通常分为空气滤清器、燃油滤清器和滑油滤清器三类。

空气滤清器的功用是滤去进入气缸的新鲜空气中的灰尘，以减小气缸套、活塞组的磨损，延长柴油机的使用寿命。它安装在进气管（非增压柴油机）或增压器（增压柴油机）或扫气泵（二冲程柴油机）的空气入口处，进入气缸的新鲜空气在通过滤清器时得到了过滤清洁。

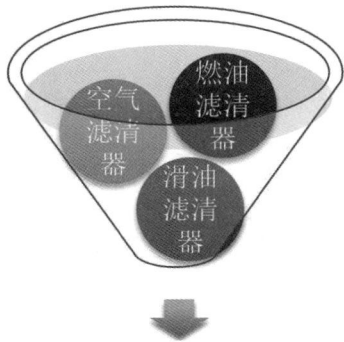

图 4-6　柴油机滤清器组成

燃油滤清器的功用就是清除柴油中的各种机械杂质，保证燃油系统的正常工作。按照滤清能力的不同可分为粗滤器、精滤器和高压滤器三种，一般在柴油机上将这三种滤清器串联在燃油系统中。无论是粗滤器还是精滤器，其滤清的原理基本一样，即当柴油通过滤芯时，柴油中的杂质被阻挡在滤芯的外表面上，而过滤后的清洁柴油则进入滤芯内腔，然后从滤清器的柴油出口输送出去。

滑油滤清器的功用就是清除滑油中的机械杂质，以保证进入各摩擦表面润滑的滑油干净，减轻机件的磨损。按照滤清能力的不同，滑油滤清器可分为粗滤器和精滤器两大类。粗滤器只能滤去滑油中较大颗粒的机械杂质，因其对滑油的流动阻力较小，通常串联在主油路中。精滤器能滤去滑油中较细的机械杂质和氧化生成的胶状物，因其对滑油的流动阻力较大，通常与主油路并联安装。

2. 歌曲《廉，廉，廉》

词：田海涛

我怀律己心

学翠竹，持正节不弯

我修为人德

学青莲，出泥淤不染

纵有万诱缠千惑

一身清正处泰然

磊落之举赳赳然

浩然之气盈山川

君不见，铁窗凉凉悔恨晚

君可知，囹圄冷冷热泪寒

廉，廉，廉

警钟擂于耳，明镜于心悬

清风两袖清白人，畅然天地间

我以我心向日月

日月向我昭肝胆

廉，廉，廉

警钟擂于耳，明镜于心悬

红线不触底线固，脊梁挺峨峦

我以我心沐清风

清风沐我襟怀坦

3. 思政元素提取与应用

无论是空气滤清器，还是燃油滤清器和滑油滤清器，其本质都是过滤杂质，使空气、燃油和滑油保持清洁，以维持柴油机的正常工作。依托课程思政，引入歌曲《廉，廉，廉》，结合教学内容，教育青年学生要时常"三省吾身"，始终怀有精神品质"过滤器"，无论将来身处怎样的污浊环境，都要学会及时、自动地过滤和屏蔽不好的东西，不使灵魂玷污，保持精神和心灵的"冰清玉洁"，清清爽爽干事，干干净净做人。

（二）推进装置与歌曲《我们的队伍向海洋》（见图4-7）

图4-7 推进装置课程结合歌曲《我们的队伍向海洋》

1. 推进装置

船舶推进装置的任务是把主机的动力转变为推进力，并把推进力传递给船舶体，推动船舶运动。大部分船舶的推进装置几乎都是由螺旋桨和轴系组成的，其中螺旋桨完成主机转矩到推进力的转换，而轴系在传递主机转矩的同时，把螺旋桨旋转时产生的推力传递给船舶体。如图4-8所示。

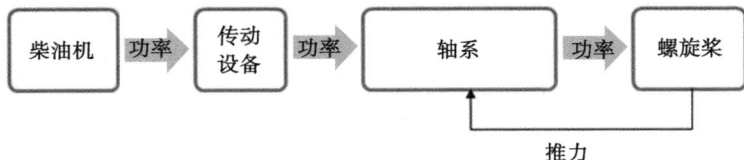

图4-8 推进装置示意图

2. 歌曲《我们的队伍向海洋》

词：田海涛

万里清波

壮阔碧疆

船舶整装待发

旗帜高高飘扬

浩浩深蓝

滚滚潮浪

热血融入沧海

青春注入汪洋

起航，起航

我们的队伍向海洋

穿过狂风，踏越怒浪

潮头猛进，仗剑巡航

起航，起航

逐梦深蓝，向海图强

不惧狂风战恶浪

力破惊涛戍汪洋

扬我国威筑海防

3. 思政元素提取与应用

船舶推进装置推动船舶在海上航行，途经的并不都是波平浪静、晴空暖阳，也许会遭遇礁石浅滩、狂风暴雨、惊涛拍船，但这些都不应成为阻碍。推进装置不遗余力地推动船舶航行，强大的精神和意志也应该推动学生不断地突破自我。通过在推进装置教学内容中引入歌曲《我们的队伍向海洋》，引导学生胸怀临狂澜而不惧的沉稳、穿怒波而向前的勇毅，在人生的汪洋里一路直挂云帆、一路乘风破浪。

（三）舵机与歌曲《紧跟党走》（见图 4-9）

1. 舵机

船舶安全顺利地航行，并且迅速地到达目的地或预定的泊位，除依靠主机的推进外，还必须具有良好的操纵性能，即按照驾驶人员意图保持或改变航向的能力。

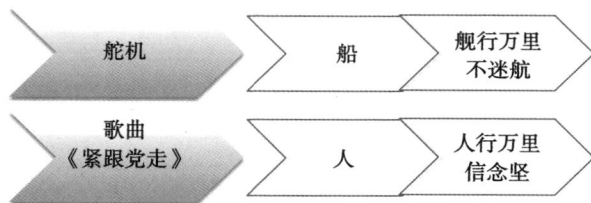

图 4-9 舵机教学结合歌曲《紧跟党走》

目前操纵船舶航向的方法，因船舶装备情况的不同而异。舵机是用于控制和操纵舵叶偏转的重要机械设备，利用装在船尾的舵来操纵船舶航行转向。除此之外，装有艏侧向推进器的船，可利用它的正、倒转来产生侧推力使船实现转向；在装有导流管舵的船上，利用导流管舵的偏转来实现船舶转向；等等。

2. 歌曲《紧跟党走》

词：田海涛

一艘红船驶出壮阔波澜

心系天下扬起大国风帆

听从使命召唤奋勇争先

党指引我们向前，向前

话有千万爱国最表心言

铁心向党勇挑时代重担

心为人民惦记人间冷暖

跟随红旗一路信念如磐

党指引我们向前，向前

走向复兴谱写华夏新篇

注：歌词每句首字相连为"一心听党话，铁心跟党走"。

3. 思政元素提取与应用

船舶机动性航行离不开舵机的控制和操纵，在汪洋大海上，船舶依靠舵机始终锚定目标，按照正确航线航行，直到安全到达目的地。在青年学生的成长成才过程中，要驰而不息地加强思想淬炼，筑牢信仰之基，始终如一感恩、听党话、跟党走。通过在教学中引入歌曲《紧跟党走》，教育青年学生在大是大非面前敢于亮剑，在矛盾冲突面前敢于迎难而上，在危机困难面前敢于挺身而出，在歪风邪气面前敢于坚决斗争，坚定理想信念之舵"不动摇"，坚定担当作为之本"不含糊",坚定夯实本领之基"不懈怠",确保做到"舰行万里不迷航,人行万里信念坚"。

（四）柴油机基本知识与歌曲《舰艇柴油机》（见图4-10）

图4-10 柴油机基本知识结合歌曲《舰艇柴油机》

1. 柴油机基本知识

船舶柴油机由上万个零件组成,其结构比较复杂,通常包括燃烧室组件、动力传递组件、支承联接组件以及进排气系统、燃油系统、滑油系统、冷却系统、启动系统和调速装置等。柴油机作为一种压缩发火的往复式内燃机,其基本工作原理是使柴油直接在发动机的气缸中燃烧,将柴油的化学能转变成热能,从而生成高温高压的燃气,因燃气膨胀,推动活塞运动,通过连杆带动曲轴旋转而对外做功,将热能转变为机械能。柴油机每做一次功,必须经过进气、压缩、燃烧、膨胀和排气五个过程才能实行,经过了这五个过程就完成了1个工作循环,然后不断重复进行这些过程,使柴油机持续运转,推动船舶在海上航行。

2. 歌曲《舰艇柴油机》

词：田海涛

身体迸发出万钧的力

推动舰艇到浩瀚大海去

缸盖缸套活塞、曲轴连杆机体

构成钢铁的心、坚硬的躯

燃油润滑、冷却启动、进排气

各个系统司其职、倾其力

一生蛰伏机舱里

任劳任怨,发火做功

不遗余力贡献火热自己

　　舰，舰，舰，舰艇柴油机

　　进气压缩做功与排气

　　四个冲程循环动

　　源源不断奉献功

　　见，见，见，见识我威力

　　小小胸膛燃雷霆

　　爆发滚滚磅礴力

　　舰，舰，舰，舰艇柴油机

　　压燃往复运动传转矩

　　化学热能机械能

　　能量两次转换成

　　践，践，践，践行我使命

　　不惧高温烈火灼

　　助力船舶破浪行

　　3. 思政元素提取与应用

　　柴油机基本知识与歌曲《舰艇柴油机》匹配度极高，在教学中播放歌曲《舰艇柴油机》，既有利于学生学习柴油机的相关内容，通过歌词记忆柴油机的相关知识，同时又将歌曲蕴含的人生哲理潜移默化地传递给学生，引导青年学生勇于肩起时代重担，一路高歌猛进到达人生的胜利彼岸。

◆◇ 第三节　拟人化表述促进课程思政隐形化教育探索

一、认识拟人化表述达成课程思政隐形化教育

　　立德树人关乎党的事业后继有人，关乎国家前途命运，在落实立德树人过程中，基于青年学生思想活跃、思维敏捷、抵触单纯说教的群体特点，尝试打造隐性思政教育于拟人化表述的课程思政新样式，即把融入思政元素的专业内容进行拟人化、类物化、场景化处理，加深学生对专业知识的理解和记忆的同时，同向在专业知识中接受思想政治教育，达到思政元素促进专业内容学习、

专业内容提升思政元素理解的双促进、双提升目的，引导学生塑造正确的世界观、人生观、价值观。

二、拟人化表述达成课程思政隐形化教育的实施原则（见图4-11）

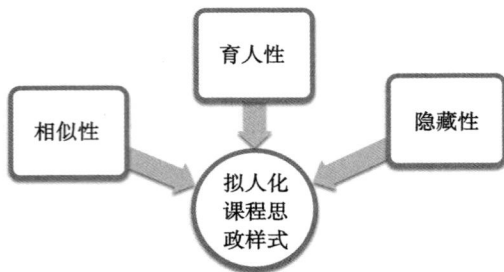

图4-11 拟人化表述达成课程思政隐形化教育的实施原则

（一）相似性

思政元素与专业内容相似度要高，即思政元素类似专业内容，专业内容类同思政元素，二者之间在一定程度上可以互为替代，确保通过学习专业内容的同时水到渠成地接纳思政元素，消化领会思政元素的同时悄无声息地学习理解专业内容，帮助学生于无形处获得为人、为事、为学的道理。

（二）育人性

知识是载体，价值是目的，课程思政的目的是寓价值观引导于知识传授之中。因此，拟人化课程思政最重要的一点是要保证育人元素的正确性。充分提炼专业课中对学生具有教育意义或能够启迪其人生的思政元素，如"家国情怀""民族意识""工匠精神"等，以及搜集和引入本专业领域的先进人物、先进事迹等，正向引导学生自尊、自信、自立、自强，做到明大德、守公德、严私德，把爱国情、强国志、报国行自觉融入火热实践中。

（三）隐藏性

为取得润物细无声的育人效果，拟人化课程思政样式将思政元素与专业内容合二为一，即二者具有较好的互融性，思政元素隐含在专业内容之中，专业内容巧妙地涵盖住思政元素。通过隐形渗透、彼此融合，寓思政元素传导于知识传授之时，潜隐地实现价值引领和素质提升。

三、拟人化表述达成课程思政隐形化教育示例（见图 4-12）

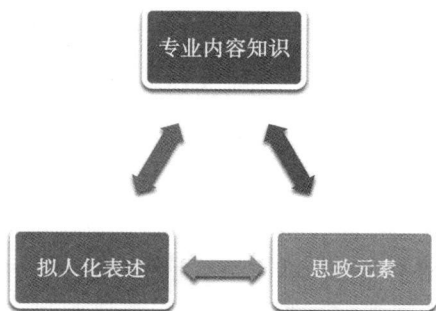

图 4-12　拟人化表述达成课程思政教育

（一）柴油机的型号表示法

1. 专业内容知识

每种柴油机都有自己的代号，称为型号。它通常用几个字母和数字表示柴油机的某些基本技术特性以及气缸直径和活塞冲程等。国产柴油机型号由数字和汉语拼音字母组成，它能反映出柴油机的主要结构、性能及用途，如大型低速柴油机，这类柴油机的型号主要由三部分组成：首部表示气缸数，中部表示技术特征代号，尾部表示气缸直径和活塞冲程等。

2. 拟人化表述

柴油机型号

记住我的名字

也就记住了

我的出生和我的职责

我从不掩饰

要去做一个英雄的决心和斗志

我生来为船舶

为海洋

我的骨子和血脉里

流动着的，除了燃油

滑油和冷却水

还长长久久澎湃着

汹涌的海水

（二）支承联接组件

1. 专业内容知识

支承联接组件主要由机体、机架、机座、主轴承等组成，它们构成柴油机的骨架，支承和安装燃烧室组件、动力传递组件及柴油机各工作系统的部件。

柴油机工作时，机体的受力极为复杂，它不但要承受燃气压力和运动机件产生的惯性力作用，还要承受诸如气缸盖等连接螺栓安装时产生的预紧力和活塞侧推力等作用，这些力中除预紧力外，多数都是大小和方向不断变化的周期性作用力，最终的作用结果将使机体产生变形和振动，从而影响各机件的正确位置。

2. 拟人化表述

支承联接组件

大火席卷

重力锤击

膨胀拉伸

不曾有丝毫胆怯

咬紧牙关，时刻铭记

当自己快坚持不住的时候

困难也快坚持不住了

用钢铁的身体

钢铁的骨头

连带着钢铁的筋和肌肉

撑起一座山脉

用机体、机架、机座、主轴承

撑起整座柴油机

（三）燃油系统

1. 专业内容知识

为了使柴油机连续正常地工作，必须对柴油机气缸不断地供给柴油使其燃烧。通常柴油机的燃油系统由输油泵、柴油滤清器、喷油泵、喷油器及高压油管、低压油管等组成。柴油从日用油箱被输油泵（低压油泵）吸入，送至柴油滤清器，经过滤清后进入喷油泵（高压油泵）。喷油泵将柴油提高到很高的压力，按不同工况所需的供油量，经过高压油管被送至喷油器，最后成雾状喷入燃烧室。

2. 拟人化表述

燃油系统

从油柜奔涌而来的燃油

首先，要进入滤清器

加厚加密的滤芯

层层过滤杂质，层层消灭杂质

用纪律和训练层层锻打青春

层层净化身体和灵魂

清澈的燃油饱含力量

饱含风暴

清澈的爱，饱含坚毅

饱含赤忱

让动力和能量穿越高压油泵

穿越喷油器，直奔燃烧室

前仆后继的燃烧热浪

前赴后继的铁血战士

伴随着一股股脉动和声响

我隐约感受到了海风的力度

感受到一艘艘船舶正加足马力

从燃油管路中浩荡出征

（四）调速装置

1. 专业内容知识

为了避免因负荷的变化而引起柴油机转速的波动以及停机、飞车现象的发生，船用柴油机必须具有自动调速的能力，因此必须要设有这样的调速装置：当柴油机产生的功率与外界的负荷失去平衡时，它能迅速自动地改变柴油机每循环的供油量，使柴油机产生的功率能随着负荷的变化而自动地与负荷保持平衡，使柴油机的转速保持不变或基本不变。这套能自动地调节柴油机的供油量，以保持柴油机转速稳定的装置就是调速装置。

2. 拟人化表述

调速装置

人生有时候需要快

有时候需要慢

自己掌握进程和速度

手中抓牢人生的调速手柄

掌握一块矿石

到钢铁的全部过程

掌握一名青年到一名钢铁战士的成长过程

不停用血与火熔炼心智

用反复锤打锻压筋骨

用铁轨钢轨进行人生塑形

让祖国的列车在其上高速运行

调速，是为了调节速度

调节机器和船舶的速度

调节人生和成长的速度

◆ 第四节 海洋诗词在轮机工程专业教学中的应用

国无精神则不强，人无精神则不立。诗词作为中华文化宝库的重要组成部分，具有独特的思想价值、艺术价值和文化价值。在人才培养全过程中，诗词展现出庞大的精神力量，发挥着以文化人、以文育人的作用，全面激发海洋诗词在轮机工程专业课程教学中的激励功能，不断为青年学生的精神补钙、士气加钢、思想淬火。

一、海洋诗词的精神内涵

海洋诗词描绘了万里海疆波澜壮阔的宏大场面，轮机管理人员犁波耕海、劈波斩浪的热血场景以及中国军人志守海洋、乐守天涯的壮志豪情，颇具思想性、艺术性和战斗性。蕴含着一往无前的锐气、纵横海疆的豪气、捐躯报国的正气，具有淬炼思想、锤炼意志的功用。紧紧围绕立德树人目标，以海洋诗词引领青年学生在精神高地武装头脑、净化灵魂，在心灵家园激发血性、鼓舞斗志，补足青年学生精神之钙，提升学生的实干锐气，厚实德行底气，练就思想和行动上的"金刚不坏之身"，为实现中国梦提供坚强的人才保证（见图4-13）。

图4-13　海洋诗词的精神内涵

（一）海洋诗词展现砺剑海天、保家卫国的爱国精神

纵观海洋诗词，忠勇无畏的爱国主义精神展现得淋漓尽致，激励着一代又一代热血青年投身深蓝，建功海疆。从"汪洋大开万里阔，直压潮头舰纵行。战罢狂风斗恶浪，还予疆海一片平"（《开航》）的坚贞勇毅，到"汹汹大潮淘日夜，绵绵清澜映穹空。万骑千乘蹈海去，我以我血守太平"（《戍海志》）的忠魂赤胆，从"深蓝入脉镌骨髓，岂忍狞寇犯疆水。今朝提刀驰舰去，定斩恶蛟报国回"（《向海行》）到"征角连营砺战锋，跃海穿水意正兴。万顷银涛谁来守，甘做江洋一甲兵"（《海上抒怀》）的铁血丹心，刻画了一幅幅与海洋斗争、献身海防的壮烈画面，令人触动，引人深思。

（二）海洋诗词蕴含矢志打赢、献身使命的战斗血性

海洋诗词讲述海上故事，描写海洋风光，歌颂戍海英雄，通过充满血性高燃的文字和血脉偾张的场景，展现中国军人雷厉风行的战斗作风和视死如归的铁血豪情。比如"出岛直下遇大风，水波顿起掀浪行。千滔扑船登高看，万条海流入我胸"（《舰上观水》）、"水面平铺万里长，带风携雷汹汹往。连排舰阵成长缨，直扑海上猎恶浪"（《列舰》）、"风催水波动，岸开汽笛鸣。巨舰缆绳锁，骑风向海冲"（《出海》）等诗词作品，始终充满着勇敢果毅、慷慨杀敌的战斗血性。

（三）海洋诗词充盈英勇无畏、不怕牺牲的精神力量

海洋诗词熔铸了特有的铁血之气、阳刚之美、钢铁之力，诗词饱含张力，催人奋进，不断激励青年学生勇担职责使命，苦练专业本领。比如"大浪扑来不须躲，狂潮怒滔共与我。舰指东方护家园，巡看千千万万波"（《海上巡记》）、"疾风汹汹来，开疆扬云帆。我与千吨舰，入海定狂澜"（《开航》）、"烈日滚滚入汪洋，粼粼波荡礁石哗。我取日光入水色，海面跃出黄金甲"（《海上观日》）等直抒胸臆的作品，引导广大青年学生发扬大无畏的英雄气概和英勇顽强的战斗作风，不断学知识，强本领，长才干。

二、海洋诗词加速轮机工程专业人才培养实施策略

海上任务繁重，同时还要面对海上瞬息万变的恶劣天气和复杂海况，轮机管理人员往往要经受一系列生理、心理上的考验。为此，青年学生不仅要掌握扎实的专业知识和专业技能，更要具备过硬的心理素质和敢打必胜的精神品质。在船舶航行过程中，如果轮机工程专业青年学生缺乏专业素质与综合能力，在船舶出现故障时，不能及时进行检修，或者学生心理素质较差、理想信念不够坚定、必胜信念不够强烈，产生怯难畏敌情绪，都容易致使任务无法顺利完成或者完成质量不高，严重时甚至影响国家形象。

海洋诗词与轮机工程专业青年学生的工作任务以及个人的成长成才息息相关，在日常工作学习中，善用、活用和巧用海洋诗词，能够全面激发战斗力，释放青年学生投身海洋、建功海疆的热血豪情（见图 4-14）。

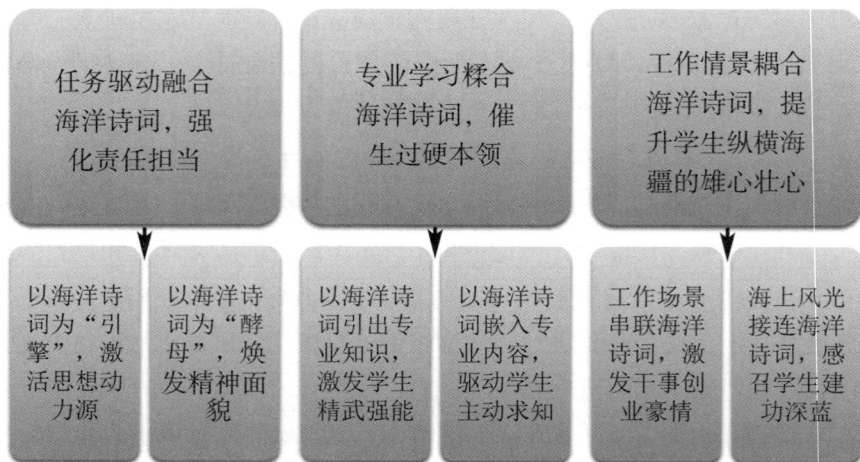

图 4-14　海洋诗词运用策略

（一）任务驱动融合海洋诗词，强化责任担当

1. 以海洋诗词为"引擎"，激活思想动力源

在日常教育中，结合新形势新任务新要求，将海洋诗词融入思想政治教育，通过营造以文化人、以诗感人、以情触人的热烈场景和浓厚氛围，加速轮机工程专业青年学生成长成才过程。以海洋诗词为"引擎"，搭载丰富多元的育人元素，迸发强劲思想活力，持续不断锤炼青年学生英勇顽强的血性虎气，多措并举让青年学生在汲取海洋诗词丰富营养的同时，让红色基因和蓝色海魂融入血脉，牢记初心使命，夯实爱岗敬业思想根基，自觉做新征程上的擎旗人和逐梦者。

2. 以海洋诗词为"酵母"，焕发精神面貌

立足形势任务，充分发挥海洋诗词的激励功能，用海洋诗词滋养青年学生的精神沃土，用海洋诗词鼓气聚力、凝心聚力、催生战力，焕发出青年学生的全新精神风貌。如发挥"一心报国巡深蓝，履波踏浪卫界安。疆水辽阔我来舵，再向海上驶巨船"（《巡海》）、和"巍巍巨舰绕水盘，岂容贼寇侵疆安。海上长城我为砖，高筑千寻锁狂澜"（《巡疆出航》）等海洋诗词的"酵母"作用，在潜移默化中催生和传递正能量，以点带线、以线带面，引导青年学生清醒地认识到自身不足，保持本领恐慌的危机感，要想纵横江海，建功深蓝，就必须扎根岗位，深植深蓝意识，加强学习训练，苦下真功夫，苦练真本领，强化专业技能，有信心、有能力为各项工作的高质量完成保驾护航。

（二）专业学习糅合海洋诗词，催生过硬本领

1. 以海洋诗词引出专业知识，激发学生精技强能

在组织开展业务训练和知识学习中，根据学习内容，结合船舶机械设备实物，以课程思政模式，选用海洋诗词作为内容学习和技能练习的"引子"，引导青年学生将知识学习与灵魂铸造同向同行。例如，学习船舶机舱设备相关知识时，以"徘徊机舱身不停，机器轰鸣心逾静。器鸣汗透不惧热，出舱便拥万股风"（《机舱巡视》）和"志向怒滔淌流平，巡水卫疆不辞程。予我长舰提锐旅，万里疆海脚下行"（《驰舰巡海》）为牵引，通过"器鸣汗透不惧热，出舱便拥万股风"描述夏日机舱里虽然面临机器轰鸣和高温炙烤，轮机管理人员依然坚守在工作岗位，待任务完成之后，从机舱出来便有无尽的海风向身上扑来，无比惬意舒服，教育引导广大青年学生坚守岗位，要以高度的责任心圆满完成任务。以及通过"予我长舰提锐旅，万里疆海脚下行"，描述青年学生

通过辛勤付出，将船舶机械设备维护保养到最佳状态，在海上乘风破浪，激励青年学生加强对机械设备的维护，确保船舶随时在海上"亮舰"，激发青年学生"踏波海洋，乘风破浪"的豪情，感召青年学生认真、努力地学习专业知识，实现专业技能提升和价值引领的同频共振。

2. 以海洋诗词嵌入专业内容，驱动学生主动求知

根据专业知识特点，将海洋诗词以润物无声、化盐于水的方式嵌入专业内容，使之成为一个模块，融为一个整体，在潜移默化中激发青年学生学习兴趣的同时，利用海洋诗词加深青年学生专业知识的理解和记忆，提升学习训练成绩，取得事半功倍的效果。例如，在学习燃油系统和船舶轴系知识时，充分利用海洋诗词的画面感染力，借助诗词"主机雷鸣水波荡，缆绳抛解开航向。燃油入缸火龙喷，飞带螺桨向海上"（《出航》），首先通过描绘蛰伏在码头的船舶忽然启动，震动起层层海水，工作人员解开缆绳准备向浩瀚海洋进发的画面，营造出航前的紧张氛围感，激发学生兴趣。随后，顺势引出船舶保持原动力的专业知识：干净清洁的燃油经高压油泵和喷油器后，喷入到燃烧室内，与经过压缩的新鲜空气混合燃烧，产生大量高温高压燃气，推动活塞经连杆、曲轴向外输出做功，带动轴系驱动螺旋桨，实现船舶的机动航行。将课本晦涩难懂的知识进一步形象化、具体化，激发学生兴趣，引导青年学生自发对燃油系统和轴系知识进行学习探究，实现"授业解惑"与"传道"双向并行。

（三）工作情景耦合海洋诗词，提升学生纵横海疆的雄心壮志

1. 工作场景串联海洋诗词，激发干事创业豪情

在船舶航行过程中，将工作场景与海洋诗词进行耦合，以现场教学的直接方式引导青年学生坚定报国心，强化事业心。例如，在海洋诗词"气路油道畅流通，积尘拭去出峥嵘。机器一开震水起，万里烟涛排舰龙"（《机器保养》）中，通过描述船舶装（设）备的维护保养过程，以及通过辛勤工作和细致入微的保养，船舶焕发生机与活力，在万里海疆上如蛟龙入水浩荡出征的画面，激励青年学生以高标准严要求做好本职工作。或者通过海洋诗词"千钧铁链入深湾，水底海上一线连。纵是风卷惊涛起，长索拴稳一座山"（《海中抛锚》），描述船舶在海上抛锚的过程，激发学生在遇到船舶装备突发故障或者执行任务过程中的突发情况时，保持思想定力和工作动力，不断练兵备战，精武强能。

2. 海上风光接连海洋诗词，感召学生建功深蓝

海上有风平浪静的时刻，也有怒浪滔天的时候，既有海平的静美，也有水

汹的动美，无论在航行过程中经历哪种场景，都会给心灵以慰藉，以震撼。例如海洋诗词"圆日高悬无波澜，一片玉镜铺水面。船在海上也在天，不分蔚蓝与湛蓝"（《海疆行》），描绘了大海风平浪静、海水湛蓝一片的场景，在无形中吸引涉海专业青年学生奔赴万里海疆，戍守万里波涛。或者通过海洋诗词"绕礁一过风雷动，舵稳不惧浪潮汹。舰驰水上心相向，我与江海俱奔腾"（《船过激流》），带动学生的思绪，感召青年学生齐心协力乘风破浪，冲锋向前，建功深蓝。

◆◇ 第五节 军旅诗歌融入课程思政创新性实践

一、军旅诗歌的激励作用

"诗者，志之所之也。在心为志，发言为诗。"我国是诗歌的国度，军营是诗歌产生的沃土，军旅诗歌在历史长河的实践中，经过血与火的洗礼，凝练形成了其磅礴的气势、豪迈的风格、雄浑的意境和壮美的语言。在新时代伟大征程上，军旅诗歌以其鲜明的精神品格和美学风范，持续发挥着励志铸魂、砺战激气、砺行厚德的独特作用，教育和激励广大青年永葆赤子之心，勇于直面艰辛和困苦，敢于战胜一切困难和敌人，用生命和忠诚谱写属于自己的时代华章。

二、军旅诗歌融入柴油机相关课程思政关联性分析（见图4-15）

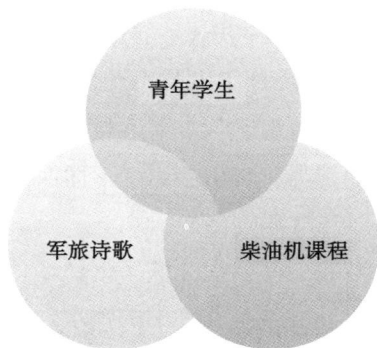

青年学生

军旅诗歌　　柴油机课程

图 4-15　军旅诗歌融入柴油机相关课程

青春之理想、青春之朝气、青春之生力是青年学生具有的特质，青年学生正处于"拔节育穗期"，多元化的社会思潮有可能对青年学生价值观教育产生消极影响，导致其理想信念弱化、爱国情感消解。

军旅诗歌具有热血、坚毅、刚强的属性，柴油机作为机械设备，由机座、机架、气缸、气缸盖、活塞、连杆、曲轴、主轴承等上万个钢铁零件组成，二者均具有钢铁特性、坚毅气质，融合度较高。在柴油机相关课程教学中，适宜融入军旅诗歌，以军旅诗歌为依托，把蕴含在柴油机相关课程中的人生哲理讲深、讲透、讲活。通过军旅诗歌传递能量，影响和感染学生，进而激发其情感共鸣，使广大学生在学习专业知识的同时，接受军旅诗歌的精神洗礼，不断为自己的成长加钢淬火，扣好人生第一粒扣子。

三、军旅诗歌融入柴油机相关课程示例

（一）柴油机气缸盖与军旅诗歌《钢铁军营》（见图 4-16）

图 4-16　柴油机气缸盖与军旅诗歌《钢铁军营》

1. 柴油机气缸盖

柴油机气缸盖用螺柱紧固于机体顶部，成为柴油机的顶端部件，故俗称为气缸头。柴油机气缸盖是一个承受负荷大而结构复杂的重要机件，气缸盖的工作条件十分恶劣，它不但承受高温高压燃气所施加的机械负荷和热负荷，而且还受到气缸盖螺柱安装时的预紧力作用及冷却水、高温燃气的腐蚀作用。因此，气缸盖要有足够的强度和刚度，气缸盖的材料一般采用合金铸铁，以保证气缸盖既不会因应力过大而损坏，也不会因变形而泄漏。

2. 军旅诗歌《钢铁军营》（田海涛）

军营里充满了钢铁

或是红彤彤的铁水

战车是钢铁做的

步枪是钢铁做的

子弹是钢铁做的

宣传栏是钢铁做的

宣传栏上的优秀官兵也是钢铁做的

行进的队列，冒着热气交融

加火，加热，再加火

处处散发着钢铁的味道

钢铁的哨子，班长用力一吹

瞬间把全班战士聚合成一排排钢铁

训练的意义是让战士尽快成为钢铁

营门前那两个永远守卫的哨兵

也是钢铁做的

日日夜夜钉在那里

战士们在这流水般的轮换中

确保钢铁军营永不生锈

3. 思政元素提取与应用

气缸盖是钢铁做的，钢铁的气缸盖在柴油机运转过程中，承受高温高压燃气所施加的机械负荷和热负荷，受到气缸盖螺柱安装时的预紧力作用及冷却水、高温燃气的腐蚀侵扰，在如此恶劣的工作条件下依然要保持正常工作，以维持柴油机高效运转。军旅诗歌《钢铁军营》刻画了钢铁军人的钢铁意志，在课程思政中，通过融入诗歌《钢铁军营》，引导广大青年学生逐步具备钢铁般的品质，在将来的人生征程中，无论遇到何种困难、险阻，以钢铁的意志战胜困难，踏平坎坷，勇往直前，一路高歌。

（二）柴油机运转声音与军旅诗歌《声音》（见图 4-17）

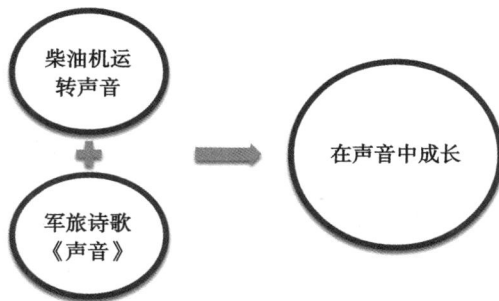

图 4-17　柴油机运转声音与军旅诗歌《声音》

1. 柴油机运转声音

柴油机运转的过程中，各运动部件必然会发出各种声响，柴油机的运转声音能够反映出其技术状况。正常运转时，柴油机的声音是有节奏的、均匀的排气声和轻微的噪声，具有一定的规律性。当柴油机出现故障时，会表现出不同的现象，异响就是其中之一，突发的、无规律的敲击声、刮擦声、放炮声、吹嘘声等都是声音异响的具体表现，若不及时排除，将会加速机件磨损，甚至发生事故性的损坏。

2. 军旅诗歌《声音》（田海涛）

　　　　每天，军营里有很多声音
　　　　有听到的，有听不到的
　　　　听到的，有五公里的急促喘息声
　　　　训练场的怒吼厮杀声
　　　　随战士步伐在营区里穿梭的雄浑军歌声
　　　　炮弹打出
　　　　以及子弹射中靶子的炸裂声
　　　　声音此起彼伏，训练从未间断

　　　　有听不到的，比如
　　　　绵绵的思念声
　　　　心中的波涛声，卷起一滚滚浪潮
　　　　以及骨头锻打，灵魂铸造
　　　　钢炉熊熊燃烧的熔炼声
　　　　声音在内，骨头成金

　　　　无论听到还是听不到的
　　　　在这有声和无声之中
　　　　你能看到的是
　　　　一个个新兵长成了
　　　　一个个钢铁战士

3. 思政元素提取与应用

柴油机运转过程中伴随着各种声响，新兵成长过程中也伴随着各种声音，在这些声音之中，柴油机完成了高效工作，新兵成长为钢铁战士。在讲授这部分知识时，引入诗歌《声音》，教育引导学生不断创造和迎接成长过程中的各种声音，即使这些声音中有鼓励、有非议，甚至是冷嘲热讽，都要学会勇敢面对，用自己的实际行动去打破质疑，在各种声音中淬炼出强大的自己。

（三）冷却系统与军旅诗歌《雪原的热》（见图 4-18）

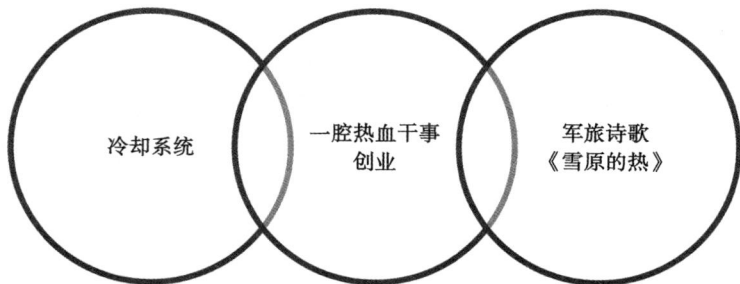

图 4-18　冷却系统与军旅诗歌《雪原的热》

1. 冷却系统

柴油机工作时，气缸内燃气的温度高达 2000℃ 左右，因此，与高温燃气直接接触的机件如活塞、气缸套、气缸盖、排气阀等经常在高温条件下工作；另外，相对运动的机件如轴颈和轴承等也因摩擦而产生高热，若不加以适当冷却，将会造成柴油机过热，不但使机件的强度大大降低，而且会导致滑油变质和焦化，使机件的磨损加剧。因此，柴油机必须要设置冷却系统。

冷却系统的作用是利用冷却介质（空气或水），将柴油机受热机件所吸收的热量及时地传递出去，以保证受热机件在允许的温度条件下正常工作。柴油机的冷却一般都是采用水冷的方式进行的。根据冷却水的来源不同，水冷方式可分为开式冷却和闭式冷却两种形式。开式冷却系统是直接将舷外水引入柴油机的冷却部位，对受热机件进行冷却后排出舷外。闭式冷却系统是用淡水循环冷却柴油机的受热机件，然后用海水冷却吸热后的淡水，海水冷却淡水后排出舷外，淡水被海水冷却后又进入柴油机循环，重复冷却使用。

2. 军旅诗歌《雪原的热》（田海涛）

> 越往高处就越冷
> 越往高处，雪花也就越密集
> 长年累月的雪
> 在战士眼中
> 把高原变成了雪原

雪原有冷，有热

也分一年四季

雪原热时

比你经历过的所有冷都冷

那是一种特殊的炽热，无关温度

遇到战士，瞬间化成泪水的热

这种热，不足以让雪原的种子发芽

不足以让枝条开花

不足以让整个春天来到

但雪原的热可以让一部分春天

乘着爆裂冰冷的春风

提前来到战士脸上

盛开出一片片高原红

3. 思政元素提取与应用

柴油机冷却系统的作用是利用冷却介质将柴油机受热机件所吸收的热量及时地传递出去，冷却温度既不能过高，过高会导致冷却效果不佳，柴油机工作性能受到影响；也不可过低，过低会导致热损失大、柴油机工作粗暴、耗油率增加。因此，柴油机的冷却温度必须在合适的范围内，以保证受热机件正常工作。军旅诗歌《雪原的热》描写了边关战士经受的"热"，这种热实质是一种冷，边关战士不惧寒冷，直面风雪，戍守边疆，用身体把风雪抵挡在边关之外。将诗歌《雪原的热》融入课程思政，在冷却系统与军旅诗歌《雪原的热》的冷热辩证关系上引发学生情感共鸣，教育引导广大学生坚定理想信念，苦练素质本领，成长为国家和人民需要的人。

◆◇ 第六节　中医文化巧妙融入课程思政研探

中医文化作为中华民族的瑰宝，在长期的历史发展过程中，积淀和形成了丰富的理论体系和实践经验，其中"人命至重""望闻问切"等中医理念蕴含的丰富的哲理，与柴油机运行管理内容关联性极高。在轮机工程专业教学中，依托课程思政可以高效实现思政元素与专业知识的"水乳交融"，潜移默化地完成思政教育和专业知识讲授的同向同行。

一、中医"人命至重"与柴油机运行管理"安全至上"

"药王"孙思邈有言:"人命至重,有贵千金,一方济之,德逾于此。"敬佑生命,救死扶伤,是医务工作者的崇高使命和责任担当,他们用精湛医术和无私奉献精神,守护人民群众的生命。在船舶航行过程中,轮机管理人员就是机舱设备的"医生",秉承"安全至上"理念,通过专业的维护管理,既要保证自己的人身安全,也要保证柴油机等机械设备的运转安全。在轮机工程专业课程讲解过程中,引入"人命至重""安全至上"等思政元素,教导青年学生树牢安全管理意识,克服麻痹思想、松懈心态和侥幸心理,全面强化底线思维和红线意识,脚踏实地,把安全管理理念深植内心,为第一任职打牢基础(见图4-19)。

中医"人命至重" ➡ 管理"安全至上"

图4-19 "人命至重"与"完全至上"

二、中医的"望闻问切"与柴油机运行管理的"看嗅听摸"

(一)中医的"望"与柴油机运行管理的"看"对应

中医的"望"是医生运用视觉,对人体全身和局部的一切情况及其排出物等,进行有目的的观察,以了解人的健康或疾病情况。

柴油机运行管理的"看"即视觉检查,主要是用眼来观察各种仪表和机件的工作情况,如检查滑油压力、滑油温度、冷却水温度、柴油机转速等仪表的读数,若与规定范围相差太大,应迅速查明原因,及时处理;检查柴油机各系统有无漏油、漏水、漏气等情况,并注意膨胀水箱的水位和盛油盘内的滑油油位是否在规定范围内;检查柴油机排烟情况和滑油质量等。

(二)中医的"闻"与柴油机运行管理的"嗅"对应

中医的"闻"包括听声音和嗅气味两个方面,主要是听患者语言气息的高低、强弱、清浊、缓急等变化,以分辨病情的虚实寒热。

柴油机运行管理的"嗅"即嗅觉检查,主要是从散发出来的气味来判断柴油机工作情况,如离合器的摩擦片、轴承填料函、电机线圈等工作不正常和温度过高时都会散发出难闻的气味。

（三）中医的"问"与柴油机运行管理的"听"对应

中医的"问"主要是通过询问患者或者家属，倾听回答，以了解疾病发生的时间、原因、经过既往病史、患者的病痛所在，自身感受，以及生活习惯、饮食爱好等与疾病有关的情况，了解病情，以便确定适当的治疗方法。

柴油机管理的"听"即听觉检查，主要是从声响来判断柴油机各部位的工作情况。柴油机工作时，各运动部件必然发出各种声响，当局部机件不正常时，就会出现异常声响。仔细倾听各部件运转声响，是及时发现问题和防止发生重大事故的重要环节。异常声响的特征和部位，可用螺丝刀或听诊器帮助鉴别。

（四）中医的"切"与柴油机运行管理的"摸"对应

中医的"切"包括脉诊和按诊两部分，脉诊是诊脉象，按诊是对病变部位进行触、摸、按、压，以了解疾病的内在变化或体表反应，从而获得辨证资料。

柴油机管理的"摸"即触觉检查，主要是用手的感觉去检查柴油机的发热和振动情况。一般是以手放在机件上靠忍受的程度来判断其温度，并根据使用规定要求，检查其是否在正常范围内。此外，用手摸还可以检查运动机件的配合间隙、转动体的平稳性等。用手摸排气管和高压油管可以判断负荷大小和工作情况：如高压油管发热，排气管的温度很低，则说明喷油器喷孔堵塞，该缸不工作；如高压油管脉动虽微弱，但排气管温度很高，则可能是由于喷油器针阀与阀座密封不良而产生漏油或针阀在开启位置咬死造成的。

"望闻问切"是中医诊断疾病的主要方法，体现了中医见微知著、司外揣内的精妙。柴油机运转中的情况，可通过仪表、声响、气味、颜色等反映出来。因此，在管理中要充分发挥人的感觉技能，用"看嗅听摸"来判断柴油机运转是否正常。中医的"望闻问切"与柴油机运行管理方法的"看嗅听摸"有异曲同工之妙，在讲授这部分专业知识时，引入中医的"望闻问切"，既可以让学生感受我国中医文化的博大精深，增强做中国人的自信心和自豪感，同时巧妙地将柴油机运行管理方法的"看嗅听摸"融合式讲授给学生，强化学生对专业知识的理解和记忆（见图4-20）。

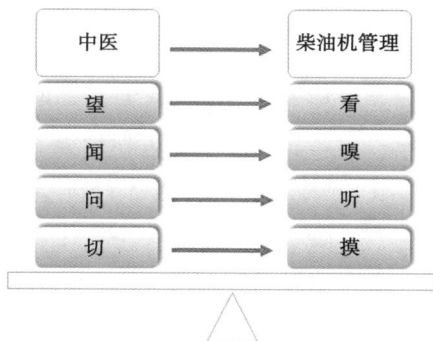

图 4-20 "望闻问切"与"看嗅听摸"

三、"中医文化—机器管理"课程思政教学案例 [一次课（90 分钟）的教学设计：柴油机运转中的使用与管理]

（一）教学目的

了解正确使用柴油机的方法，掌握柴油机各主要系统的运行状态的监控方法，会检查柴油机的运转情况，形成良好的职业素质和培塑不怕脏不怕累不怕苦、顽强拼搏的职业精神。

（二）教学内容

（1）正确使用柴油机；

（2）柴油机运转情况的检查；（重点）

（3）柴油机各主要系统的运行监控。（重点）

（三）教学流程

教学流程的示意图如图 4-21 所示。

图 4-21 教学流程示意图

（四）教学过程与方法

1. 新课引入（5分钟）

播放视频：柴油机运转过程中，由于人员专业水平不高，使用与管理柴油机方法不正确，造成和引发了一系列重大事故（见表4-1）。

表4-1 教师活动、学生活动与设计意图

教师活动	视频助学：通过播放视频，引导关注本次课程内容学习
学生活动	激发兴趣：在学生观看视频的过程中，教育引导学生夯实专业基础，苦练专业本领，坚决避免自身能力不足导致事故发生
设计意图	通过播放视频，一帧帧由于操作不当引发的柴油机故障导致海难事故的画面触目惊心，激发学生学习兴趣的同时，提升学生对本次课程学习的关注度

2. 新课讲授（80分钟）

柴油机运转中的正确使用与管理，其主要目的是运用所学理论知识，通过各种仪表及感觉器官确保柴油机在允许运转的范围内工作，防止发生事故（见图4-22）。

（1）正确使用柴油机。

图4-22 柴油机的正确使用方法

①减少空车和低速小负荷运转时间。柴油机在空车和低速小负荷运转时，机件和油、水温度较低，各气缸负荷的不均匀性较大，容易导致转速波动，使机件的磨损相应增加。另外，气缸内燃烧后产生的酸性气体在温度较低时，会加速对机件的电化学腐蚀。因此，在使用柴油机时，尽可能减少柴油机空车和低速小负荷运转的时间。

②改变转速要平稳。在转速变化很快时，运动机件的惯性力的变化十分剧烈，造成机件间的冲击大幅度增加从而导致传动件的损坏。因此，改变转速要平稳。

③不带程序控制的柴油机在正常换向前必须减速。由于主机曲轴及轴系等旋转机件在高速状态下旋转存在着很大的运动惯性，若在高速下换向，不但容

易造成换向机构的损坏，而且对于整机乃至轴系的安全均有不良影响。

④尽量使用经济转速。柴油机在小负荷工作时，机件和油、水的温度都比较低；在大负荷工作时，机件的机械负荷和热负荷又都比较大，这些都对柴油机的使用寿命不利。为了提高柴油机的经济性和延长使用寿命，在保证要求航速的前提下，应尽量使用经济转速航行。

⑤避免柴油机超负荷运转。在正常情况下，可以根据转速来判断柴油机是否超负荷。若主机转速高于标定的最高转速时，即可认为超负荷。但船舶在浅水、窄水道、拖带、大风浪等特殊工况下航行时，即使低转速也可能出现超负荷情况，这时可根据排烟颜色和排气温度、油水温度等参数是否超过规定值来确定。如果排烟呈浓黑色，排气温度和滑油、冷却水温度显著升高，柴油机工作声音沉闷等，这些情况均说明柴油机已经在超负荷工作了，此时应立即减速使用（见表4-2）。

表4-2　中医文化、机器管理与设计意图（一）

中医文化—机器管理	柴油机超负荷运转状况，可以根据其排烟颜色和排气温度及油、水温度等参数是否超过规定值来确定。在医治病人的过程中，医生可以通过体温、精神状态等来判别患者的情况。因此，管理人员是柴油机的"医生"，要学习医者仁心，对柴油机倾尽全力地负责，维护其正常运转和工作
设计意图	通过管理人员对柴油机的运行状态进行监测，引出医生医治患者的情境，启发学生像医生对待患者一样，形成良好的职业素质，认真对待柴油机的运行状况，以时时关心、处处用心来维护柴油机的高效运转

（2）柴油机的运转情况的检查。

柴油机运转中的情况，可以通过仪表、声响、气味、颜色等反映出来，在管理中必须充分利用人的感觉技能，用"看嗅听摸"来判断机器运转是否正常（见表4-3）。

①视觉检查。主要用眼来观察各仪表和机件的工作情况，如检查滑油压力、滑油温度、冷却水温度、排气温度、柴油机转速等仪表的读数，若与规定范围相差较大，应迅速查明原因，及时处理。

②嗅觉检查。主要是从散发出来的气味来判断机件的工作情况。它主要检查手不能摸到、眼看耳听难以进行的内部运动机件，如离合器的摩擦片、泵的填料函、刹车装置、电机线圈等，若工作不正常，则可能会导致温度过高而散发出难闻的气味。

③听觉检查。主要是从声响来判断柴油机的工作情况。柴油机工况稳定时发出来的声响是有一定规律的，当柴油机局部机件工作不正常时，就会发出不正常的敲击声。

④触觉检查。主要是用手的感觉来检查柴油机的发热情况和工作情况。一般是以手放在机件上忍受的程度来判断其温度，并根据使用规定的要求，检查其是否在正常的规定范围内。

表4-3　中医文化、机器管理与设计意图（二）

中医文化机器管理	通过在柴油机的运转情况的检查中，引入"望闻问切"的中医文化，既可以让学生感受中医文化的博大精深，同时引导学生不断强化做柴油机"医生"的业务水准，做到勤听、勤摸、勤看、勤嗅，培塑不怕脏不怕累不怕苦的职业精神，以高超的"医术"及时处理漏油、漏水、漏气的情况和故障苗头，保证柴油机安全运转
设计意图	通过视觉检查、嗅觉检查、听觉检查、触觉检查，判别柴油机运转中的情况，与中医的"望闻问切"类同，以"望闻问切"增进学生对专业知识的理解和记忆

（3）柴油机各主要系统的运行监控（见图4-23和表4-4）。

①润滑系统的管理。柴油机在运转中必须确保润滑系统的正常工作，所有使用规定中都把对润滑系统的管理放在首位。在工作过程中，要保证油压、油温、油质和油量处于正常范围内。

润滑系统的管理

冷却系统的管理

燃油系统的管理

进排气系统的管理

图4-23　柴油机各主要系统的运行监控

②冷却系统的管理。柴油机运行中对冷却系统的管理主要集中在水温和水压两方面，冷却水的温度要与柴油机的负荷相适应，并控制在规定的范围内。

③燃油系统的管理。在燃油系统的管理中，应保证喷油泵定时、定量的准确性。燃油系统在柴油机运行中应注重油质和柴油的不间断供应，否则容易导致柴油机自动停机。

④进排气系统的管理。对进气系统主要是保证进气口的清洁，及时清洗空气滤清器，按规定时间更换空气滤清器滤芯；对排气系统，应定期清洁保养排气管，使其畅通，同时注意不使排气温度过高，密切关注柴油机的排烟颜色。

表 4-4 中医文化、机器管理与设计意图（三）

中医文化 机器管理	在柴油机各主要系统的运行监控中，引入中医"人命至重"理念，延伸出柴油机管理的"安全至上"理念，指导学生树牢安全意识，确保机器安全运转和轮机管理人员安全工作
设计意图	通过在润滑系统、冷却系统、燃油系统、配气系统管理中，引入中医"人命至重"理念，启发学生通过专业的维护管理，保障柴油机的安全高效运转

3. 课堂小结与课后作业（5 分钟）

（1）课堂小结。

本次课我们学习了正确使用柴油机、柴油机的运转情况的检查、柴油机各主要系统的运行监控相关内容，在课后，结合中医文化，进一步加强课程内容的学习理解，强化任职能力。

（2）课后作业。

①船舶使用前的检查步骤主要包括哪些？在紧急用车情况下，你如何保持强大心理高效开展工作？

②柴油机正常工作的标志主要包括哪些？在恶劣海况下，柴油机突然冒黑烟，你如何沉稳冷静地处理这一突发故障，以维护船舶的安全航行？

4. 板书设计

板书的设计如图 4-24 所示。

柴油机运转中的使用与管理

1.正确使用柴油机

2.柴油机的运转情况的检查
- 视觉检查
- 嗅觉检查
- 听觉检查
- 触觉检查

3.柴油机各主要系统的运行监控
- 润滑系统的管理
- 冷却系统的管理
- 燃油系统的管理
- 进排气系统的管理

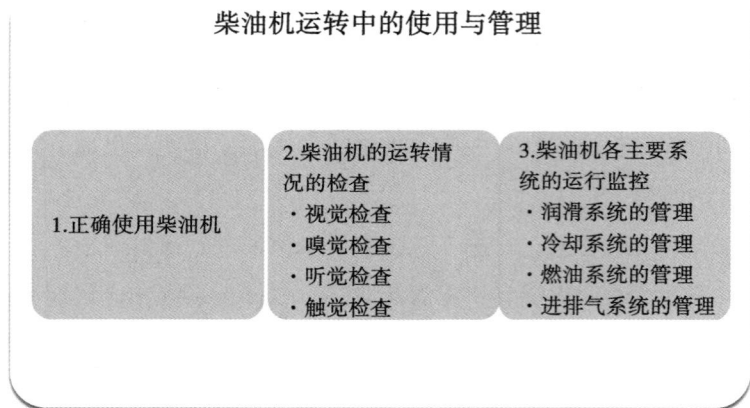

图 4-24 板书设计

◆◇ 第七节 战斗精神融入轮机工程专业教学路径

面对错综复杂的海上形势，轮机工程专业学生不仅要具备过硬的专业素质，更要具备一往无前的精气神和无往不胜的战斗精神，在轮机工程专业教学中融入战斗精神，把战斗精神培育落实到课程教学全过程，在提升专业能力的同时，抓住关键步骤，抓实融入环节，外塑能以强技，内铸魂以强心，让战斗精神入脑入智行，确使轮机工程专业人才在任何时候、任何情况、任何状态之下，始终保持昂扬的精神面貌和高涨的精神状态进行学研和工作。

一、轮机工程专业培育战斗精神的重要性

轮机工程专业毕业学生基本从事与海有关的崇高事业，随时面对惊涛骇浪、流血牺牲以及苦与累的挑战和考验，新形势下国家对轮机工程专业人才培养提出了全新要求，轮机工程专业人才不仅要具备过硬的专业素质，还要拥有勇敢精神和智慧头脑，如果轮机工程专业人才没有一个强大的精神支柱和思想力量源泉，是难以在各种复杂情况下高质量、高标准完成各项工作任务和既定目标的。因此，在轮机工程专业课程教学过程中，融入战斗精神显得尤为重要、尤为现实、尤为紧迫。

二、战斗精神的来源

随着社会高速发展和世界形势的风云际变，新时代战斗精神的内涵正在不断丰富和扩充。战斗精神作为理想追求、信念品质、钢铁意志的集中体现，并不是与生俱来的，而是要靠平时不断地锤炼、日常持续地培养和教学训练接续地熔炼强化，内化为一种思想追求，外化为关键时刻的行为自觉。培育战斗精神，要坚持从思想上入手，尝试建立战斗精神"水源库"，以便在轮机工程专业教学实施过程中，针对不同课程教学内容随时随地活取汲用，浇灌学生的心灵沃土（见图4-25）。

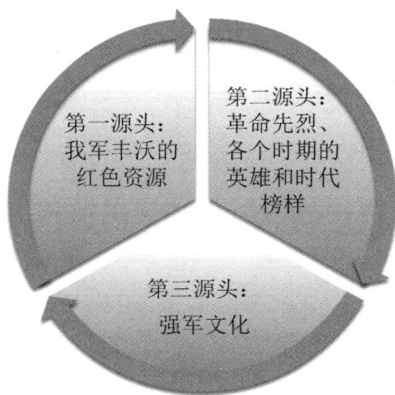

图4-25 战斗精神的来源

（一）第一源头：我军丰沃的红色资源

在新民主主义革命时期锻造培育的井冈山精神、长征精神、延安精神、西柏坡精神，在社会主义革命和建设时期孕育的抗美援朝精神、"两弹一星"精神、雷锋精神、红旗渠精神、王杰精神，在改革开放和社会主义现代化建设新时期形成的抗洪精神、抗震救灾精神、载人航天精神，以及中国特色社会主义新时代的脱贫攻坚精神、抗疫精神等等，都是战斗精神培育的"源头活水"，激励着一代代人不断涉险滩、闯难关，知难而进、迎难而上，不惧个人安危，将个人生死置之度外，把国家和人民的利益举过头顶，坚决完成党和人民赋予的一切任务。

（二）第二源头：革命先烈、各个时期的英雄和时代榜样

在硝烟战场，在祖国和人民最需要的时刻，革命前辈冲锋在前，抛头颅，

洒热血，以实际行动践行军人的神圣使命。革命先烈舍生忘死、保家卫国、不怕牺牲的战斗精神，以及机智果敢、勇猛顽强、不畏困难、战果突出的英雄模范人物和先进集体，都是新时代青年学生不断学习的榜样、指引前进的精神灯塔和不竭动力。传承红色基因，赓续红色血脉，将革命先烈、各个时期的英雄和时代榜样作为个人奋斗的精神坐标，有助于学生保持旺盛的铁血豪情和高昂的战斗意志，在精神高地树立起永远高扬的旗帜。

（三）第三源头：强军文化

文化是一个民族强盛的根基，强军文化对于培塑浩然正气、英雄豪气、昂扬士气，激发青年学生战斗精神具有不可估量的作用。广大学生可以在催人奋进、鼓舞斗志的强军文化熏陶中催生出战斗精神，激发出工作豪情，培育敢拼敢闯的战斗血性、勇于冲锋的战斗品格和连续作战的战斗作风。高等院校要善于站在统筹全局的高度，充分发挥文化的价值导向作用，在学生成长成才过程中提供无坚不摧的精神支柱。

三、轮机工程专业教学中战斗精神培育的具体方法措施

战斗精神常与专业实践和学习训练紧密联系，在轮机工程专业教学过程中，立足多个维度，利用多种方法，使用多种技巧培育战斗精神，在学生的精神高地深植红色基因，把练技术、练操作与练心理、练心智融会贯通在一起，强化学生敢啃硬骨头、敢涉险滩的思想意识（见图4-26）。

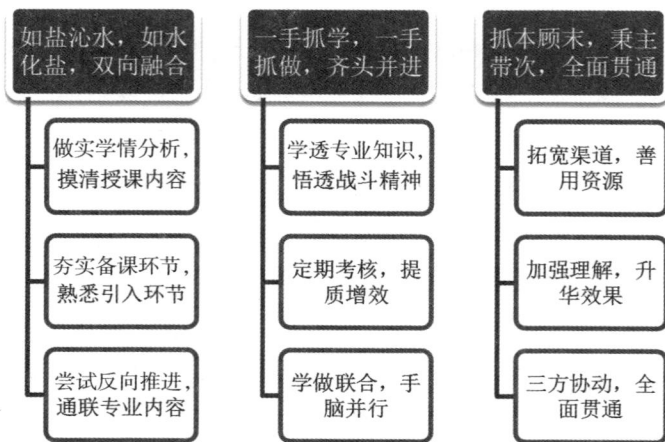

图 4-26　战斗精神培育的具体方法措施

（一）如盐沁水，如水化盐，双向融合

区别于生搬硬套，战斗精神与轮机工程专业教学是相互融合、双向融入，我中有你、你中有我的，既不是战斗精神和轮机工程专业内容互相"贴标签"，更不是战斗精神和轮机工程专业内容"两张皮"，而是要做到有机统一、水乳交融。

1. 做实学情分析，摸清授课内容

开展学情分析并不只是在新学期开始前，而是将其贯穿课程始末。全面调查了解学生的个体差异和不同时期对不同课程内容的真实需求，依托集体备课，深研教学内容，进行层次化梳理，找出不同知识内容的"融合点"和"汇入口"，选择贴切和适合的战斗精神内涵，实现战斗精神与知识点的有机融合，并及时关注和收集学生反馈的意见，持续进行改进和完善，让战斗精神如盐溶解到水中，自然而然地进入到专业知识之中，避免出现"硬融入""表面化"的现象。

2. 夯实备课环节，熟悉引入环节

课堂作为育人育才的主阵地，教师作为课堂教学的"主导者"和"指挥官"，有责任和义务守好一段渠、种好责任田。除备教材、备知识点外，更要备战斗精神内涵，真正理解其产生的历史背景以及对当下轮机工程专业人才的精神启示，熟知在课堂授课过程中引入战斗精神的环节和时机，确保战斗精神无缝衔接进课堂，水到渠成般进教学，浇灌学生心灵和精神之地，实现"知识传授+能力培养+价值引领"的同步输入，确使课程内容与战斗精神同向同行，彰显协同效应。

3. 尝试反向推进，通联专业内容

运用逆向思维，发挥战斗精神的示范引领作用，打破惯用在专业知识融入战斗精神的旧模式，尝试在战斗精神中融进轮机工程专业知识内容，以点带面，以面带片，以片驱动整体，以战斗精神"局部"推动课堂教学"整体"跃升。在教室营造军味、船味和海洋味，使学生在课堂教学初始，就集中精力、集中注意力、集中"火力"认真学习教师讲授的每一个知识点，使学生自我感知拿笔如拿枪，持续浓厚求知兴趣，增加学习获得感，上好一堂课，就如同打了一场胜仗。

（二）一手抓学，一手抓做，齐头并进

在轮机工程专业人才培养全过程中，要始终坚持做到学用结合，知行合一。"学"和"做"是车之两轮的关系，并没有严格意义上的先学后做或者先做后学，"学"的是专业知识和战斗精神，"做"的是熟练操作和坚决圆满完成任务的使命担当，二者互相融合嵌入，更有利于提升轮机工程专业人才培养质效。

1. 学透专业知识，悟透战斗精神

新时代的轮机工程专业学生要全面系统地学透机电技术基础知识以及轮机工程领域装备新技术、新发展、新运用，具备扎实的理论功底和娴熟的实操技能。同时，着力在武装头脑上出实招，在强化技能上下功夫。在学习过程中，不仅可以立足专业内容进行讨论，同样可以围绕战斗精神如何在轮机工程专业学习中更好地实践进行研讨，例如开展"战斗精神硬不硬、血性胆气够不够、技能训练实不实"的讨论，帮助学生廓清思想迷雾，捋顺专业思路，增长知识才干。

2. 定期考核，提质增效

实践是检验学习成效的重要标尺，在考核过程中，不仅要通过试卷和实操考试考查学生学习成效，更要检验学生的精神意志和战斗作风。通过运用虚拟现实（VR）和增强现实（AR）等信息化技术，依托虚拟实验室和仿真平台，打造逼真的海洋环境，设置各种复杂情况和困难条件，观察学生在经受生理、心理的极限考验时，是否可以表现出不惧艰险、直面生死的坚强意志，敢打必胜、沉着冷静的坚定信心和勇敢冲锋、血战到底的战斗作风，以及在紧张高压态势之下是否能够高质量完成既定任务。

3. 学做联合，手脑并行

在课堂上、实训车间，教师要注重引导学生把专业知识学明白、战斗精神学透彻，面对技术难题或者心理波动，能够及时"攻坚克难""拨乱反正"，坚决避免由此产生连锁反应。注重学习的知识和精神用于"做"，做出的表现又反哺于"学"，头脑并用，时刻做到与祖国同在、与人民同行、与时代同进。

（三）抓本顾末，秉主带次，全面贯通

轮机工程专业涉及十几门课程，知识琐杂，内容繁多，预期目标是经过两到三年的努力和探索，形成门门课程有战斗精神融入、堂堂课程学习融入战斗精神的风气，但这需要大量的工作、时间和精力。在课程建设初期，可以抓本顾末，秉主带次，集中精力干大事，集中火力攻"主堡"，抓住主要课程和核心内容进行战斗精神融入，以此为突破口和开堤口，引水入田，全面贯通轮机工程专业所有课程。

1. 拓宽渠道，善用资源

"红色"是信仰与忠诚的颜色，体现着初心和使命。在轮机工程专业教学实践中，院校的惯性思维是到实习工厂、企业车间参观学习，零距离感受生产一线，学习结构原理，提升专业技能。但是要想赋予轮机工程专业课更多"军味战味"，必须会用、善用和巧用当地红色文化资源，讲好必胜信念和时代担当。在红色教育基地，开展有代表性的轮机工程专业课程实践教学，为后续课程提供借鉴，使学生直接感受在红色文化中熠熠闪光的战斗精神，用好用活红色文化教材，将战斗精神因子融入轮机工程专业课程之中，赋予轮机工程专业教学鲜活的生命力，引导学生以饱满的精神状态和昂扬的斗志投入到专业学习中，不断增强轮机工程专业教学的吸引力、说服力和感染力。

2. 加强理解，升华效果

在战斗精神融入教学实施的过程中，不仅考验教师对于战斗精神的理解，也考验教师运用战斗精神进课堂、进课本、进教学的谋篇布局能力，既要找准专业知识融合战斗精神的切入点，也要把控好学生可以接受的能力和范围。同时，我们应当着重关注学生领悟能力和接受程度，并针对薄弱点及时精准施策，积累出一整套的经验，总结出一系列的方法，为后续教学打好基、开好局，把专业课程战斗精神融入模式尽快扩展到其他主干课程，形成主干"课程链"，并逐步覆盖到整个"课程群"。

3. 三方协动，全面贯通

构建"高校+家庭+用人单位"的协同教学机制，打造"高校主建+家庭协看+用人单位主践"的育人共同体。在轮机工程专业融入战斗精神教学中，"高校主建"即院校负责战斗精神与教学内容的构建、课堂教学的实践应用以及专业教室的建造和教师选配等基础工作，具体负责和推进轮机工程专业教学的实施。"家庭协看"即邀请学生家长通过视频远程参与教学过程，邀请家长听课、评课；让家长关注学生思想苗头和精神面貌变化，从父母角度发现教学中的优缺点，不断完善战斗精神融入轮机工程专业人才培养工作。"用人单位主践"即邀请行业领域专家参与战斗精神融入轮机工程专业教学探究和实施，人才好不好用，用人单位说了算，用人单位更懂人才所需，更了解真正需要什么样的轮机工程专业人才，通过用人单位的参与和反馈，不断"舵正"战斗精神融入轮机工程专业教学"航线",确保培养出的人才真正能用、真正好用。

◆◆ 第八节　海洋新兴领域下新质战斗力理论融入课程思政

近年来,"新兴领域""新质生产力""新质战斗力"成为备受关注的热词。人才作为战斗力生成的核心要素,加快提升新质战斗力,高素质、专业化新型人才是重要支撑。"面对新的领域,脑袋要比脚先到达。"解放和发展新质战斗力,首先要更新观念,新质战斗力威力的大小,不仅取决于科技装备,更取决于学生能否深刻理解并运用好所学知识。在学生奔赴海疆、成为一线轮机管理人员之前,依托课程思政这个落实立德树人根本任务的重要抓手,构建海洋新兴领域下的新质战斗力课程思政元素库,打造契合的实施方案,基于科学知识与专业技能教育的同时,将新质战斗力理论融入轮机工程专业教学,在课程思政中向学生灌输新质战斗力理论,引导青年学生明德立志、精武强能,成长为适应新质战斗力发展要求的高素质高技能新型人才。

一、新质战斗力融入课程思政赋能人才培养质效的迫切形势

当前,对新质战斗力理论认识不清、丰富内涵研究不透及新质战斗力理论在课程思政中难以有效开展的情况不同程度存在,制约着轮机工程专业人才培养。在轮机工程专业课程中,依托课程思政,率先引入新质战斗力理论,既是人才培养工程的应有之义,也是海洋强国建设发展之需(见图4-27)。

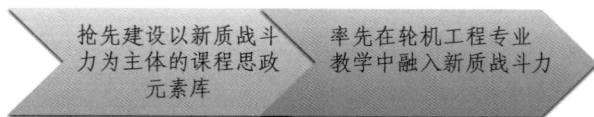

图4-27　引入新质战斗力理论

（一）抢先建设以新质战斗力为主体的课程思政元素库

将适应新质战斗力发展要求作为时代新人的应具素质,基于轮机工程专业人才培养特点,建设以新质战斗力为主体的课程思政元素库,并构建与之配套的实施方案,解决当前轮机工程专业课程思政缺乏新质战斗力理论的现实问题,扭转因缺少新质战斗力元素库、难以有效开展课程思政的困局,积极回应

轮机工程专业课程建设需求。

（二）率先在轮机工程专业教学中融入新质战斗力

在轮机工程专业课程中，结合教学内容，引入新质战斗力理论，讲清新质战斗力理论的重大意义，讲透新质战斗力理论的丰富内涵，讲明发展新质战斗力的青年担当，强化学生对新质战斗力的认识与认同，激励学生在新质战斗力理念的牵引下，持续铸魂强能，提升人才培养质效，确保轮机工程专业人才培养与时俱进，适应海洋强国建设发展。

二、海洋新兴领域下新质战斗力理论、课程思政与轮机工程专业人才培养的关系

聚焦海洋新兴领域，研析新质战斗力理论，其蕴含的丰富内涵和深邃内容，能够为轮机工程专业学生成长成才提供充足的精神养分，促进学生科技、法律、文化等素质提升，支撑轮机工程专业人才培养工作。同时，依托课程思政，新质战斗力理论能够直达课堂，直面学生。尤其是通过建立以新质战斗力为主体的思政元素库，使新质战斗力理论全面融入轮机工程专业课程内容，在具体教学实施中，借助课程思政模式，在学生学习专业知识的同时，进行理想信念教育，促进学生综合素质跃升（见图4-28）。

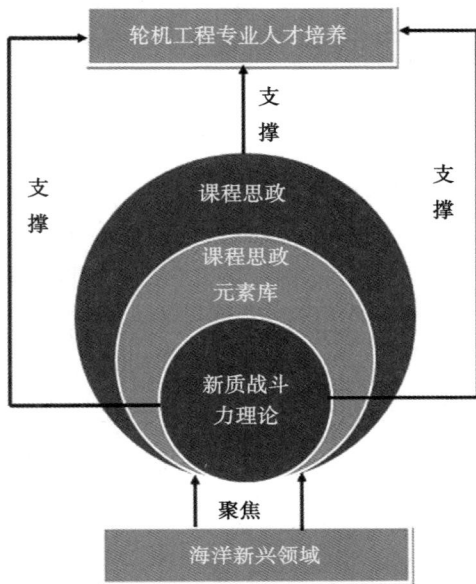

图4-28 新质战斗力理论、课程思政与轮机工程专业人才培养的关系

（一）课程思政与轮机工程专业人才培养

课程思政作为落实立德树人根本任务的重要抓手，在轮机工程专业人才培养中，充分提炼课程思政元素，采用学生乐于接受的方式与专业课程内容融合，全面落实课程思政，提升育人质效。

（二）新质战斗力与课程思政

新质战斗力作为内涵丰富的理论，在依托课程思政实施过程中，构建以新质战斗力为主体的课程思政元素库，采用科学合理的教学方法，充分激发课程思政功能，使新质战斗力在轮机工程专业课程中充分融入，以取得春风化雨的育人效果。

（三）新质战斗力与轮机工程专业人才培养

新质战斗力对轮机工程专业人才培养工作具有重要的支撑作用，新质战斗力是实现海洋强国目标的强大引擎，近年来运用于船舶的新技术、新装备层出不穷，为助力学生达到"到岗即用"的水平，以新质战斗力为主体，构建契合轮机工程专业的课程思政元素库，融入课堂教学，培塑学生对新质战斗力的高度认同和情感转化，引导学生铸魂与强能同步，在坚定理想信念和钢铁意志的同时，夯实专业技能基础，主动学习创新技术、最新装备，推动新质战斗力的生成和发展。

三、海洋新兴领域下新质战斗力融入课程思政赋能轮机工程专业人才培养质效的实施路径

海洋新兴领域下新质战斗力融入课程思政赋能轮机工程专业人才培养质效的实施路径，按照"打造内涵丰富且凸显海洋新兴领域的新质战斗力思政元素库""依托课程思政，全面在轮机工程专业课程中应用实施""牵引学生能力提升，赋能轮机工程专业人才培养质效"三个关键步骤实施，激励学生坚定理想信念、精湛业务能力和学习先进技术，赋能轮机工程专业人才培养质效（见图4-29）。

（一）打造内涵丰富且凸显海洋新兴领域的新质战斗力思政元素库

立足"蓝色国土""蓝色海魂""蓝色技术"三个框架，搭建凸显海洋新兴领域的新质战斗力思政元素库（见图4-30）。

图 4-29　新质战斗力融入课程思政赋能轮机工程专业人才培养质效的实施路径

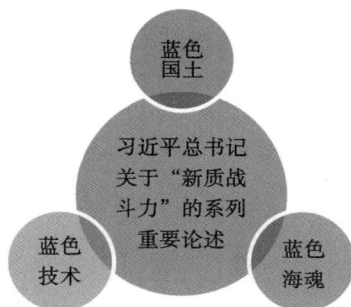

图 4-30　新质战斗力思政元素库

1. 蓝色国土

中国是陆地大国，也是海洋大国。海洋作为广阔的地球空间，连接各大洲，人们可以依托船舶进行货物运输和开展贸易等活动。海洋亦是珍贵的资源宝库，蕴藏着丰富的渔业和海洋能源（海洋石油、天然气资源、海上风能发电、潮汐能、海流能等）。同时，海洋是国家安全的天然屏障，也是诸多安全威胁的发源地，在我国从"海洋大国"走向"海洋强国"的征程中，海洋扮演着越来越重要的作用。

2. 蓝色海魂

蓝色，是海洋的颜色，代表着浩瀚汪洋、万里海疆。在蓝色国土上，大海既是练兵场，也是战场，吸引着无数中华儿女热爱这片海洋，守望这片海洋，戍卫这片海洋，追求深蓝人生，实现人生价值。海魂，是海洋意识、家国情怀和责任担当，引导广大学生明大德、守公德、严私德，树立正确的世界观、人生观、价值观，胸怀坚定理想信念和一不怕苦二不怕死的战斗精神，矢志不渝听党话、跟党走，在党的旗帜下团结成钢铁队伍，向海而生、向海图强，高标准高质量完成各项工作任务，确保国家利益所至，船舶航迹必达。

3. 蓝色技术

加快提升新质战斗力，离不开科技创新、科技赋能。随着人工智能、量子技术、电子信息技术等前沿性、颠覆性技术的突破发展，越来越多的数据化、网络化、智能化新技术、新装备、新成果应用其中。比如：新型船舶动力装置、信息化轮机设备、智能船舶综合管理系统、船舶定位和防"越界"系统以及海面多目标追踪系统等。在构建新质战斗力课程思政元素库时，着重将装备船舶的新技术、新创造罗列其中，在课程教学中，通过高新技术宣讲和科技实物展示，帮助学生开阔思维眼界，提升学生的科技素养。

（二）依托课程思政，全面在轮机工程专业课程中应用实施

新时代孕育新思想，新理论引领新实践，新质战斗力的生成和发展离不开青年人才的智力支持和精神支撑，为此，要依托课程思政，推动新质战斗力理论全面融入轮机工程专业课程。

1. 强化组织领导

高校必须把握新质战斗力的核心要义，深化有关新质战斗力的教学任务，重视新质战斗力在人才培养中的重要作用，明确将新质战斗力理论融入课程思政，纳入院校年度工作计划和总体发展规划，建立党委统一领导、多业务处室协同保障、教学单位推进落实、教师全过程参与的课程思政建设工作体系，推动新质战斗力理论搭载课程思政进教室、融课堂。

2. 提升教师能力

教师是课程思政建设的一线实施者、实际推动者，教师要深刻认识新质战斗力理论进课堂、近学生的重要性和紧迫性，深度理解把握新质战斗力的丰富内涵，不断创新教法，通过体验式教学、案例分析、项目分解、任务驱动、情景模拟、角色扮演、主题讨论等方式，让课程思政教学"精彩纷呈"，将"思政之盐"化入"课程之汤"，由内而外推动新质战斗力理论融入全部课程，引导学生从新质战斗力理论中汲取力量。

3. 注重技术保障

随着教育信息化的不断推进以及 AR、VR 和 MR 技术的持续应用，综合运用文字、图像、音频、视频、动画等多种元素，打造沉浸式、体验式新型学习空间，营造更直接、更形象的教学环境，实现新质战斗力理论在教学过程的可触、可视和可感，增进新质战斗力理论的感染力、说服力和吸引力，推动课程

思政由"大水漫灌"向"精准滴灌"和"深度浸润"转化。

（三）牵引学生能力提升，赋能轮机工程专业人才培养质效

理论上清醒，带来信念上的坚定；理论上自信，带出行动上的坚决。紧紧围绕新质战斗力理论，从坚定理想信念、精湛业务能力和学习先进技术入手，使学生时刻保持动态学习，确保个人能力匹配岗位需要以及未来发展之需，将轮机工程人才培养工作推向新高度。

1. 坚定理想信念

高校作为人才培养高地和多样文化重要聚集地，随着科学技术和信息网络的多元发展，青年学生的思维理念、价值取向受到一定的冲击与影响。在新质战斗力理论牵引下，积极更新思维理念，在增强学生理想信念和责任意识的同时，引导学生学习领会新质战斗力的深刻内涵，以坚定的政治立场主动学习新技术、新装备，锤炼真才实干。站在使命任务最前沿，激活攻坚克难活性因子和担当作为的奋斗基因，激发人才队伍的"精气神"，全面做到热爱海洋，建设海洋。

2. 精湛业务能力

通过设置教学情景，比如在航行过程中船舶动力装置突发故障，如何高效地进行抢修工作，保障航行安全，锤炼学生解决急难险重问题的素质和本领，持续为学生的第一任职充电、强能、蓄力。

3. 学习先进技术

为了保持在新拓展空间的战略优势，以新需求为牵引、新技术为支撑、新能力为标志的新质战斗力应运而生。面对海洋强国新形势、新任务，必须把新质战斗力发展的主动权牢牢掌握在自己手中，引导学生牢固树立"本领恐慌意识"，积极思考在新质战斗力中抓实业务学习的出发点和落脚点，打破"惯性思维"和"路径依赖"，强化"技术赋能"理念，主动靠前，以先人一步的姿态紧跟海洋新兴领域动态发展，学习新技术、新应用，强化个人能力，精进综合素质，在学习和工作中敢于涉险滩、夺关隘，敢于挑重担、站排头，敢于战风斗浪、直面风险挑战，以新质战斗力赋能轮机工程专业人才培养质效，以人才工作的重点突破带动新质战斗力提升。

对标海洋强国建设动态发展，立足现有轮机工程人才培养现状，在研析新质战斗力丰富内涵的基础上，构建以新质战斗力为主体的思政元素库，依托课程思政融入课堂教学，深化学生对新质战斗力的认识和情感认同，潜移默化中激励学生强信念、增本领、铸新能，推动轮机工程专业人才培养高质量发展。

第五章 相关课程建设刍议

◆◇ 第一节 "船舶电气设备及系统"课程高质量建设

基于学情分析，锚定"知识、能力和素质"三个目标，以学生为中心，以任职岗位为牵引，以评价为导向，有机融入线上线下、课内课外，创造性开辟"两桨驱动"教学路径，综合运用 BOPPPS 混合式教学模式，创新教学内容，优化教学环节，在规定学时内，实现教师将船舶电气设备知识讲明、学生将船舶电气设备知识学透的目标。

一、做好学情分析

（一）认知基础

缺乏轮机工程专业知识基础，内容理解难度大：课程知识多而繁杂，晦涩抽象，前后章节之间联系不够紧密，大部分学生缺少轮机工程专业背景课的学习，学懂弄通船舶电气设备知识难度较大。

（二）个体差异

船舶和涉海经历不足：34（示例）名学生来自不同的省份、地区，成长环境不同，学习能力存在差异。

（三）能力特征

整体水平参差不齐，学习能力各有优劣：3 名学生（定义为 3A）对机械知识感兴趣，接受过相关专业知识的学习，理论和实践都较为扎实；9 名学生（定义为 9B）参加过大学社团相关竞赛，实践动手能力较强，但理论基础较为薄弱；3 名学生（定义为 3C）在沿海城市长大，在码头和海洋环境中耳濡目染，学习容易入门；19 名学生（定义为 19D）来自内陆地区，很少接触船舶和海洋，缺少实践基础，动手能力差，但其理论学习能力较强。

（四）兴趣特点

喜欢网络和新事物，厌烦抽象知识学习和枯燥知识记忆：大部分学生为"00后"，是网络原住民，思想活跃，学习新知识、接受新事物较快，善于利用网络、手机进行自主学习。但逆反心理较强，容易对抽象内容理解掌握和枯燥知识背诵记忆产生抵触情绪。

（五）预期困难

缺乏持续学习动力，可能半途而废：抽象课程内容集聚章节的学习过程极其枯燥乏味，学生容易陷入听不懂、学不会、悟不透，越听不会越不想听、越不想听越学不会的"怪圈"，周而复始，容易造成学习问题积累叠加，产生厌学心理和逃学情绪。

二、"两桨驱动"教学路径

一是以"参差学习体"为桨，以强携弱；二是以"情景创设"为桨，移学入景，两桨合力，驱动教学。

（一）"参差学习体"驱动，齐头并进

"参差学习体"驱动教学法，打破传统课堂按座位临时分组的惯用方式，在学期初对学生进行"异质"分组，在其间形成专业基础和学习能力梯度，方便学生进行帮扶性学习和互动性探究，化学生整体水平参差不齐、专业基础千差万别的劣势为优势，达到强弱并济、优势互补、共同提高的目的。

在教学实施中，将34名学生按照"11+11+12"组建"参差学习体"，具体见表5-1。

表5-1 "参差学习体"分组

"参差学习体"名称	异质分组名单
"奔腾入海"学习组	1A、3B、1C 和6D
"乘风破浪"学习组	1A、3B、1C 和6D
"勇往直前"学习组	1A、3B、1C 和7D

以A学生（理论和实践都较为扎实）为总领，B学生（实践动手能力较强，理论基础较为薄弱）、C学生（沿海城市长大）为辅助，同时发挥D学生学习能力强优势，形成同学共进局面，提高学习效率，解决学时少、内容多而繁杂的课程痛点，助力学生在短时间内掌握更多船舶机电知识。见图5-1。

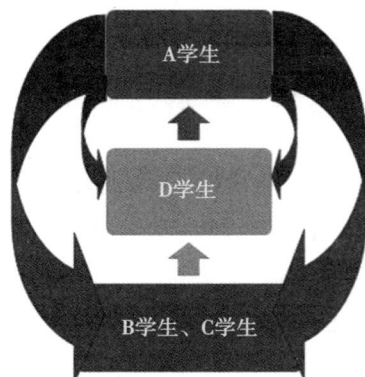

图 5-1 "参差学习体"协动机制

（二）"情景创设"驱动，学海捕"识"

通过船舶实地讲授，综合运用多媒体、虚拟仿真、船舶模拟训练中心、轮机设备模拟训练平台等新技术、新媒介，合理创设学习环境，同时将航海故事、经典案例、行业科技前沿、设备应用实例等融入授课内容，贯穿于师生教与学全过程，使师生仿佛置身于汪洋之上、机舱之内，生动学习过程，解决内容原理抽象、知识理解难度大、学生缺乏持续学习动力等难题，将船舶电气设备课程教学推向一种新境界。

三、课程具体实施过程

充分利用学生喜欢网络和新事物的特点，具体实施过程运用 BOPPPS 混合式教学模式开展（见图 5-2）。

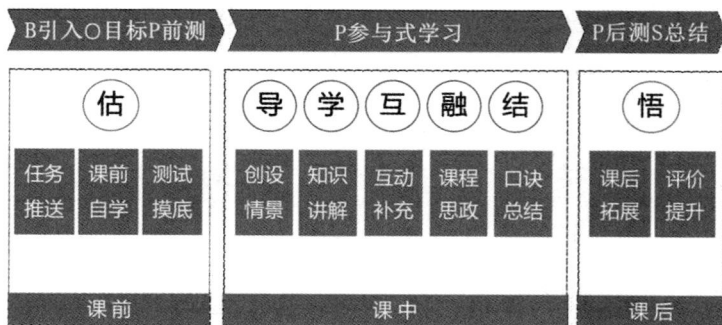

图 5-2 BOPPPS 混合式教学模式实施

（一）课前自学

（1）目标：掌握本次课的简单内容。

（2）线上：以"参差学习体"为单位，学生课前自学教师上传到学校内部网站的课件及视频服务平台的相关课程内容，以及登录相关专业网站，查阅文献资料，搜索与章节内容关联的新技术、新装备、新应用。按照教师设置的课前预习题目进行自测，10~15道题，时间设定为20min；对不懂不会的问题，可以增设10min进行翻书查阅资料。

（3）线下：召开课前座谈会，邀请"参差学习体"中的学生代表参加，从教师和学生两个维度确定本次授课的重点和难点。

（二）课堂实践

（1）目标：突破重难点内容，汲取精神养分。

（2）创设情景：通过船舶实地讲授，综合运用多媒体、虚拟仿真、船舶模拟训练中心、轮机设备模拟训练平台等新技术、新媒介，创造教学情景。

（3）讲解：按照"自主学习—合作学习—反思学习"模式，3个"参差学习体"按照授课内容，逐个"参差学习体"派员登台讲解，其他"参差学习体"成员进行纠正和补充。

（4）课程思政：根据授课内容，教师将职业素养、英雄事迹、精神品格等思政元素，适时引入教学过程。

（5）讨论总结：针对重难点问题进行集体研讨，教师最后进行总结点评，引入本次课程内容口诀，加深学生对知识的理解掌握。

（三）课后升华

（1）目标：拓宽知识视域，注重评价提升。

（2）线上：登录学习资源平台，对疑难知识进行补学。

（3）评价：开展"六元"评价（教师自评10%、学生自评10%、"参差学习体"间互评10%、"参差学习体"内部互评10%、师生互评20%、作业测评40%），及时发现问题症结，第一时间进行纠正，提升教学质量。

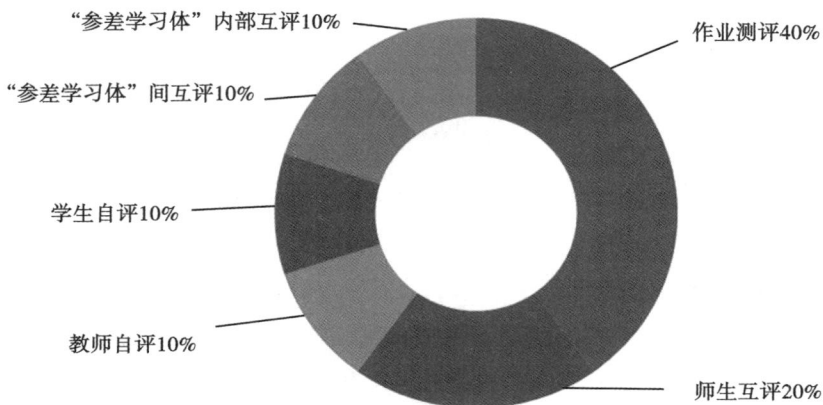

图 5-3 "六元"评价

◆ 第二节 "船舶柴油机"课程高质量建设

"船舶柴油机"是轮机工程专业的一门主干课程，其内容包括：柴油机基本知识、燃烧室组件、动力组件、进排气系统、燃油系统、润滑系统、冷却系统、启动系统、调速换向装置和操纵系统、柴油机增压、柴油机的日常使用与管理、柴油机及传动轴系的震动、故障分析及技术保养等。"船舶柴油机"课程教学应随着船舶柴油机技术的发展和人才培养形势的变化，着重从加强师资队伍建设、激发学生学习兴趣、抓好课堂学习、改进教学手段、改革考核方式、加强实践教学和创新教学手段七个方面，及时进行优化和精进，推动"船舶柴油机"课程高质量建设（见图5-4）。

一、加强师资队伍建设

师资力量是决定教学成败的关键，一门课程教学实施情况的好与坏，关键在于教师水平的高低。"船舶柴油机"课程除了要求授课教师具备高度负责的精神和强烈的事业心之外，还必须具有扎实的理论功底、丰富的实践教学经验和熟练的专业操作技能。因此，必须高度重视"船舶柴油机"课程的师资队伍培养，不断提升师资队伍的教学水平，优化课堂教学方式，提升教学质量。

"船舶柴油机"是一门与时俱进的课程，时代性较强。随着船舶行业的高

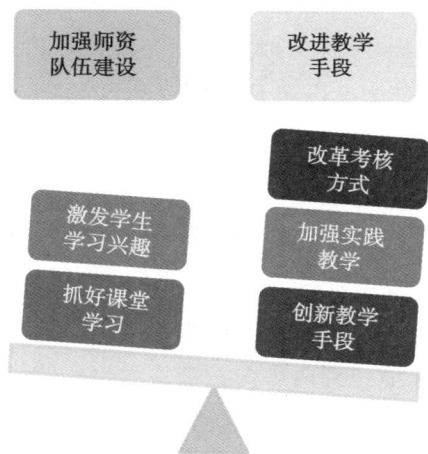

图 5-4 "船舶柴油机"课程高质量建设措施

速发展，新知识和新理论层出不穷，知识更新周期不断缩短，有呈爆发式增长的态势。"船舶柴油机"授课教师必须充分了解当今柴油机的发展趋势，把握新型柴油机的工作特点和规律，掌握最新的知识、技术、方法和工艺，不断充实和及时更新知识储备。一方面，定期组织专家到校对新进教师进行培训或者组织教师参加校外柴油机教学培训，及时了解柴油机最新发展状况，不断更新知识结构，提升教学能力和水平；另一方面，有计划、有组织地安排院校教师下一线单位实习锻炼，在新型船舶担任轮机管理人员，充分了解新型船舶柴油机的工作特性，提升实际工作能力，掌握新型柴油机维护保养技能，以便在课堂上及时将最新知识传授给学生。

此外，随着海洋强国建设的不断推进，交流合作的规模和层次会不断提升，走出国门的机会也会增多，为了提高学生专业英语水平，强化轮机工程专业学生参与国际交流合作的能力，"船舶柴油机"授课教师应当具备一定的外语能力，以便逐步推进"船舶柴油机"课程双语教学实施。定期请教研室内有英语授课经验的教师对现有教师进行英语授课能力辅导训练，或者定期安排授课教师进行专门的英语培训，提高外语授课水平，努力打造出一支高素质专业化的教师队伍。

二、激发学生学习兴趣

"船舶柴油机"课程内容相对抽象、晦涩难懂、不易理解和掌握。在教学过程中，当所讲授的内容涉及船舶柴油机中相对复杂的系统及零部件时，由于学生对柴油机的相关实物和结构不太熟悉，只能依靠想象力去理解，这必然会导致一部分学生因抽象能力有限而无法真正学懂弄通，导致部分学生对柴油机相关章节知识无法掌握，或者长期处于听不懂、学不会的状态，使这部分学生逐渐失去对本门课程的学习热情，最终放弃本门课程。

兴趣是最好的老师，如果学生对"船舶柴油机"这门课程不感兴趣，课堂上教师付出得再多，讲授得再细致，但取得的教学效果往往也不会尽如人意。因此，应当着重培养学生的学习兴趣，使学生的学习由被动向主动转变。在"船舶柴油机"开课前一到两周内，带领学生到院校自己的实习船上参观学习或者组织学生到实训车间认识不同的柴油机型，通过现场对柴油机实物和部分主要部件的讲解，让学生真实接触柴油机实体和切身体会将来的工作环境，激发学生们的学习兴趣以及他们探求新知识的渴望，提高学生学习"船舶柴油机"课程的积极性和主动性。

在"船舶柴油机"授课的过程中，不定期邀请军工柴油机制造厂的高级工程师、有航海经历的高级轮机长、经验丰富的轮机长举办专题讲座和系列报告，有重点地介绍船舶柴油机历史、柴油机技术发展趋势、典型的船舶柴油机故障诊断技术、机舱工作状况以及由柴油机工作性能引发的船舶趋势，使学生充分了解当前国内外船舶柴油机发展状况和未来趋势走向，拓宽学生视野。同时，也使学生清楚自己将来在工作中所要肩负起的职责，激发学生的学习热情和主动性。

三、抓好课堂学习

课堂学习是学生学习的主要途径，抓好课堂学习，可以起到事半功倍的作用。"船舶柴油机"课程中存在着很多抽象的概念和比较难懂的章节内容，如柴油机高压喷射系统，仅喷油泵泵油原理这一章节内容就使很多学生捉摸不透。为了取得良好的教学效果，抓好课堂学习，授课教师可以通过制作多媒体课件，将实物照片、文字、图像、声音、视频和动画等资料进行结合，在课堂上营造情景教学环境，利用各种动画和多媒体的图像形象生动地演示柴油机相关系统的工作原理和工作过程，引导学生主动理解和掌握课程知识，使教学内容更加丰富，教学效果更加直观。

在课堂授课期间，要注重营造浓厚的课堂学习氛围。良好的课堂氛围有助于带动学生学习的热情，激发学生学习的欲望。可以通过课堂提问的方式，增加学生与学生之间以及学生与教师之间的交流，创造出和谐互动的课堂氛围，形成良好的课堂交流环境。针对同一个问题，不同的学生可能会有不同的答案，得到问题的答案不是最终的目的，为的是通过启发式提问引导学生主动发现问题、分析问题和解决问题，触类旁通，提升学生思考问题的能力，培养他们多角度思考问题的方式，使学生在课堂学习过程中敢于发言，善于思考，增加他们学习讨论的积极性和自信心。同时，通过互动式提问环节也可以使教师对相关问题有更深层次的认识，有助于改善他们的教学工作。

有条件的院校可以尝试制造一些柴油机部件等比例缩小模型或者一些小型的柴油机实体构件。在上课之前，教师提前准备一些和当堂课内容相关的模型和实体，比如在上柴油机燃烧室组件这一章节时，任课教师可以选择将燃烧室气缸套、气缸盖和活塞等组件带进教学课堂，通过燃烧室组件实物与课程内容对照，将气缸套与活塞的结构、油环的工作原理以及气环"泵油"现象逐一向学生讲授，既方便教师课堂教学，让课程知识变得通俗易懂，也使学生对燃烧室组件有一个非常直观的认识，利于知识的消化吸收。另外，由于柴油机结构模型较轻，实体较小，在学生之间方便进行模型传阅，可以以此活跃课堂氛围，进一步加深学生对柴油机知识的学习掌握。

四、改进教学手段

教学手段对于教学质量的影响是显而易见的，当前，一些"船舶柴油机"授课教师仍然采用传统灌输式的教学方式，教学手段相对单一、落后，一定程度上制约了学科的教学质量。在专业教室进行船舶柴油机授课是当下比较流行的授课方式，专业教室通常按照柴油机的进排气系统、燃油系统、润滑系统、冷却系统以及启动系统等顺序放置柴油机的主体结构、系统配置模型以及相关的零部件，在墙壁四周悬挂大量的柴油机工作原理立体彩图或各种常用柴油机图解。在充满专业气氛的教室中，借助专业教室先进的仪器设备，更清晰地讲解课程内容，使学生对复杂的柴油机系统有更直观的认知，并且可以通过执行一些柴油机相关系统的运转操作，让学生进一步深刻地理解理论知识，提升学生的专业技能。如四冲程柴油机的工作过程，通过实物讲解，将进气冲程、压缩冲程、动力（燃烧和膨胀）冲程和排气冲程中活塞的位置以及进气阀和排气阀不同的打开/关闭的时机进行演示。在不同冲程中，让学生亲眼看到活塞在气缸套中所处的工作状态，以了解柴油机工作的四个冲程的特点和规律，加深学生对理论知识的理解掌握。

除在专业教室进行柴油机授课之外，"船舶柴油机"授课还可以采用类比法。大部分学生在初学船舶柴油机的相关内容时，由于缺乏船舶实践经历且平时接触到的柴油机实物较少，很难建立起对柴油机的直观印象，学习困难较大。因此，授课教师可以通过日常生活素材和大家经常接触到的事物与柴油机的结构和工作过程进行类比，将抽象、枯燥的理论变得形象、直观、具体。如以人的心脏类比柴油机的燃烧室，引导学生认识到燃烧室是柴油机动力之源。要想柴油机运转平稳，必须保障柴油机的充分燃烧，将燃烧作用力通过连杆传递给曲轴，带动船舶航行，这就好比我们人类要想完成正常的工作和生活，就必须把心脏保护好，因为心脏能为我们提供源源不断的动力。类似地，将柴油机的换气和人类的呼吸进行类比，使学生联想到人只有先呼出废气，才能尽可能吸入更多的新鲜空气，以此为引导，将柴油机的各个工作过程和原理进行类比，提升教学效果。

五、改革考核方式

课程考核不仅是对本学期课程学习情况的检验，考查学生实现课程目标的程度，也是对教师教学效果的一种评估，以便完善课程设计和教学过程。因此，需要合理设置考核方式和考核指标，增强考核的科学性。当前情况下，院校通常采用期末理论考试作为学生柴油机课程的最后成绩，这很难客观公正地体现学生的真实学习水平，也不利于学生的成长发展。

想要彻底扭转"船舶柴油机"课程应试教育考核的局面，保证对学生学习成绩检验的真实性、公平性和合理性，就应该以学生的学习能力、素质作为依据，采用多样化的考评方式和规范化的考评指标，以突出综合运用能力为重点，建立起考核基本理论、基本知识和基本技能的综合评估体系。比如，在期末理论考试前一周，组织安排学生到实训车间、专业教室或者在课堂放置一些柴油机系统的模型，参加柴油机课程的现场考核，授课教师随机抽取柴油机的一个部件，让学生讲出该部件在柴油机运转中发挥的作用、在系统中处于的位置以及日常的维护保养方法。一方面体现对学生学习成绩和教师教学效果检验的客观公正性，另一方面提高学生的专业知识水平，增加学生对柴油机各个系统的认知度。

六、加强实践教学

船舶认知实习是"船舶柴油机"课程一个极其重要的教学环节，可以使学生对船舶有更全面直观的认识，也可以学到很多书本上无法讲到的知识，开阔学生们的视野。通过实船锻炼，可以使学生了解柴油机海水管路、淡水管路、燃油管路在船舶上的布置走向，对柴油机的结构形式以及与辅助机械的配合使用有一个总体认识，学会船舶主机、发电机组船舶电站的备车、启动并车的操作方法。学生在船舶上还会参与机舱值班值勤，可以与轮机管理人员一起拆卸柴油机零部件，比如，吊缸、活塞组装、气阀间隙测量、活塞环调整以及柴油机设备的维修保养，使学生在理解的基础上掌握船舶柴油机的操作与管理知识。另外，在船舶实习期间，学生一般参与一整个航次，对启动柴油机的准备工作，船舶离码头时柴油机的运转特性，海上正常航行、海域抛锚训练时柴油机的工作特点以及停泊期间的机舱值班需要注意的事项有一个全面的认识和了解。在船舶航行期间，实习船舶也会给学生提供动手锻炼的机会，指导教师或是机电班长在机舱工作区域指导学生对柴油机零部件进行拆检，重点培养学生的动手能力以及用学过的专业理论知识来判断问题、分析问题、解决问题的能力，注重理论与实践的结合，使得学生能够掌握一定的柴油机使用技能、调试技能和维修技能，为今后的工作及继续学习打下坚实的专业基础。

除船舶认知实习外，船舶柴油机实验室也是一个为学生提供实践训练的场所，实验室内除了放置有整个柴油机实体构件和模型外，还配置有多媒体设备，通过播放为学生实习拆解专门制作的视频，一步一步细致入微地向学生讲解拆解过程，并将关键部件的作用和世界最新发展趋势讲授给学生，既以学生乐于接受的教学方式方便了课程教学，又增加了学生的知识储备。同时，在实验室开放方面也要为学生提供便利，使学生不仅局限于课堂时间，而是学生可以根据自己的安排和学时计划，自行选择时间或者提前与实验室老师预约，依据教学内容或者自己学习的薄弱环节，选择不同的实验室内容进行拆解实验，对自己没有掌握好的知识点多拆多练，遇到不懂的拆解环节，可以借助多媒体设备进行演示。依托船舶实验室，可以把课堂教学搬到实验室内进行，将晦涩难懂的课程章节改为现场教学，通过柴油机实体与课本内容的对照学习，加深学生的理解程度，保证教学环节的顺利实施。

同时，为了巩固实践教学成果，授课教师要注重引导学生加强归纳总结。

在每个实习项目结束后，耐心指导学生独立撰写实习报告，对学生不懂的问题及时予以答疑。有条件的院校可以围绕实习项目组织实习知识竞赛，采用物质和精神双激励的方式，激发学生的学习热情，在轻松愉快的氛围中，进一步加深学生对柴油机知识的理解掌握。

七、创新教学手段

目前，柴油机新装备、新技术层出不穷，更新换代较快。即使是有条件的院校也不可能购置所有的新型柴油机型，装配在专业教室或柴油机实验室供学生拆装观摩学习。为了满足培养具有创新精神与实践能力的高素质轮机工程专业人才的要求，可以将虚拟技术应用到柴油机的教学中，从根本上改进传统教学模式。通过虚拟技术也可以避免因学生初次拆装不熟悉步骤流程而拆坏设备，或者由于学生操作不当造成人身伤害事故发生。利用计算机虚拟技术，把船舶柴油机的基本构造、工作原理以及零部件之间的连接关系，形象直观地展现出来。学生可以在软件模拟的拆装实训环境中，选择船舶柴油机机舱现场拆装场景或是柴油机工厂检修场景，并指定搭配几名帮手。按照拆装流程，依托电脑界面在拆装每个部件时选择常规工具或是专业拆装工具，拆解所有的柴油机机型和各种不同柴油机系统的机械部件。授课教师可以进行远程指导，随时随地查看学生的拆装情况，并通过计算机远程对学生进行设问考核，第一时间了解学生的学习情况，并制订针对性学习计划，激发学生的创造性思维，提高学习效率。

创新教学手段也可以尝试利用校园网络搭建柴油机网络教学平台，在网络空间中建立一个虚拟的交互式学习环境，拓展教学空间，实现传统课堂与网络课堂的互动教学。在网络课堂上学生可以根据自身学习情况选择主讲教师、课程章节或者相关院校的柴油机课程和柴油机专业网站，实现资源共享。学生在学习过程中可以通过网络平台采用视频、语音或者文字的方式直接与指导教师进行交流，及时掌握难重点知识。

"船舶柴油机"作为轮机工程专业的一门主干课程，在轮机专业课程教学中占据着重要位置。在教学的过程中要继续创新教学理念，改进教学手段，加强实践环节的内容设计，构建新型课程网络平台，培养符合海洋强国建设发展需要的专业型人才。

◆◇ 第三节 "船舶辅机"课程思政设计路径

"船舶辅机"课程是轮机工程专业的一门核心主干课程，在培养合格的船舶行业轮机技术人才过程中具有重要作用。在课程思政教学理念的指导下，"船舶辅机"课程要充分发挥思政育人功能，不仅促使学生学到船舶辅助机械方面的专业知识和操作维护技能，而且要让学生懂得做人做事的基本道理，形成良好的船舶轮机职业素养。在"船舶辅机"课程的教学过程中，要坚持立德树人导向，立足船舶任职岗位的特点，充分挖掘"船舶辅机"课程中的思政元素，实现全方位育人，有效提升轮机工程专业人才培养质量。

一、设计思路

所有的专业课程都具有知识传授和思政教育的双重育人功能，把培养学生的思想政治素质作为教学目标体现在"船舶辅机课程教学大纲"中，并与岗位任职能力生成相互结合。这并不会改变专业课程的教学模式或者课程属性，而是通过专业课程知识点背后隐性的思政元素，提炼出道德追求、人文精神、优秀文化、人格培养、行业价值等思政层面的内容，在传授船舶辅机理论知识和操作技能的过程中进行充分融合。因此，必须通过合理的课程教学设计，梳理出课程思政元素，以达到课程思政良好的教学效果（见图5-5）。

图 5-5 "船舶辅机"课程设计思路

（一）熟悉教学文件

教学文件主要包括"轮机工程专业人才培养方案"和"船舶辅机课程教

学大纲"，前者是整个轮机工程专业人才培养过程的指导性文件，也是保证教学质量和人才培养规格的基本教学标准文件，是组织教学过程、确定课程设置的基本依据。它规定了培训对象、培养目标（包括总目标和分目标）、课程设置、时间分配、考核毕业等要素。后者是"船舶辅机"课程教学标准性文件，它规定了课程的教学目标、教学内容、教学设计、实施过程、课时分配、考核方式、保障条件等。每一位承担课程的教师都应该熟悉人才培养目标，尤其是情感、素质以及价值等方面的培养目标，明晰学生任职所需的职业素养、做人做事的态度、正确的价值观等，切实把"培养什么样的人"弄清楚、搞明白。

（二）挖掘思政元素

"船舶辅机课程教学大纲"明确："结合船舶辅机的课程理论知识点和实践技能知识点，通过课程学习，理解船舶辅机的重要性、复杂性、多样性等特点，具备踏实肯干的工作作风、一丝不苟的工作态度、吃苦耐劳的专业精神，提升团队意识和战斗意识，增强不怕困难、攻坚克难的勇气，具备船舶行业的工作热情和责任意识。"这是实施船舶辅机课程思政的直接参考。在此基础上，结合毕业后的岗位特点还需要进一步进行细化，以关键词的形式呈现出来，方便下一步与知识点进行对应融合。这些思政元素主要有：踏实肯干、吃苦耐劳、科学分析、严谨细致、一丝不苟、有效沟通、团队协作、积极主动、攻坚克难、坚持不懈、爱岗敬业、严格自律、终身学习、责任意识、安全意识等。

（三）融入课程教案课件

思政元素挖掘出来后，最终必须落实到"船舶辅机"课程的教案和课件中去。教案和课件既是根据课程知识特点、教书育人规律等对思政元素融入的内容标准、时间节点、方式方法等进行的科学合理设计，也是教师对"船舶辅机"教学内容的加工梳理，确保知识教育与思政教育的相互统一，是实施课程思政的关键性准备工作。

（四）编写课程思政案例

将案例教学法应用于"船舶辅机"课程教学，可以从中融入思政元素，实现课程思政和专业知识的相互融合。教师不仅要学会编写课程思政案例，而且要善于使用案例教学方法，达到提高课程思政教学效果的目的。案例可以依据行业中实际发生的热点事件进行选择，首先将案例涉及的知识点和技能进行归纳总结，实现知识和技能教学目标；其次可以总结分析案例背后的思政元素，让学生开展充分的讨论；最后将知识和思政元素融合分析，实现育能与育德相互统一。

比如：在讲解离心泵的使用维护时，可以引入某船离心泵填料函冒烟的故障案例，结合故障现象和所学知识逐步展开分析，最后发现是因为管理人员不小心将水封环装反了，从而切入严谨细致的思政元素，教育学生要吸取环槽位置没有正确安装的教训，在平时工作中要保持严谨细致的工作作风。

二、需要注意的问题

图 5-6 "船舶辅机"课程设计中需要注意的问题

要开展好课程思政，应从学情分析、教师团队、课程建设等方面进行分析设计，注意解决重难点问题。

（一）学情分析要精细

以"船舶辅机"课程为例，由于生源地有所差别，学生的思想稳定性也有所不同，有的学生存在厌学情绪，认为自己将来肯定不会从事船舶行业，学习课程知识的兴趣不高；有的学生很想学好这门课程，但觉得内容繁杂，自信心不足；有的学生虽然学习热情高，但缺乏吃苦耐劳的精神，以往的实践操作不愿意动手；有的学生感觉课程内容难学，存在畏难情绪。通过学情分析，结合思政设计，重点解决学生学习兴趣不足和自信心不足的问题。

（二）树立"大思政"观念

课程团队中的每一位教师都有立德树人的职责，每个人都是船舶辅助知识的传授者，也是学生思政素质的教育者、职业素养的引领者。教师要思考如何将思政元素有机融入教学内容设计，尤其是要注意不能将课程内容同思政内容强行拼凑、简单拼接，而是要自下而上进行基因融合式的教学内容加工。

（三）抓好思政效果评价

"船舶辅机"课程可以重点着力于"爱岗敬业、吃苦耐劳"的从业精神培养，在教学过程中要充分利用行业中的先进人物、成功事例的作用，用他们扎根船舶、追求卓越的工作态度来引导与教育学生，从而实现以境触人，以情感人。思政教学过程要把好教学质量评价关，结合学生的职业发展方向以及任职岗位的特点，对教学内容、教学方法与手段以及教学质量等因素进行分析，形成相对成熟的课程教学过程评价方案。教学质量评价要把思政部分纳入进来，在教学督导、课程评价、学生评教等方面设置思政评价指标，实现知识传授与价值引领的协同育人。

课程思政是一种教学理念，它是实现立德树人的有效途径，不同的学科专业具有不同的特色，不同的课程也具有不同的思政资源。对于"船舶辅机"课程来讲，思政设计从熟悉教学文件、挖掘思政元素、融入教案课件、编写思政案例等方面入手，同时注重学情分析、教学效果等方面的落实，促进学生职业素养的养成，努力为培养具备爱岗敬业、吃苦耐劳、团结协作等优秀品质的轮机工程技术人才做出贡献。

◆◇ 第四节　金课视角下"船舶柴油机维修"课程建设路径

课程作为教育体系的重要组成部分，是实现教育目标的主要手段和媒介，全方面加强课程建设，对于提高教育教学整体质量、提升人才培养水平、完善我国教育体系具有十分重要的作用。

一、"船舶柴油机维修"课程特点

通过近年来对"船舶柴油机维修"课程经验的总结，以及对该课程的研究分析发现，"船舶柴油机维修"课程具有"三涉（涉海、涉船、涉机）"和"三强（理论性强、实践性强、专业性强）"的特点。

（一）"三涉"特点（见图5-7）

图5-7　"三涉"特点

1. 涉海

海洋环境错综复杂，海上状况瞬息万变，船舶柴油机一般用作船舶主动力装置，维持船舶正常航行，或者用作船舶副机，用于全船供电。在船舶航行过程中，如果柴油机突发故障，不像在陆地，方便返厂维修和联系经验丰富的专业人员进行故障诊断和排除，由于在大海之上，随船的工作人员倘若维修经验匮乏，专业水准不高，临时抢修能力不足，无法及时进行修复，就会造成全船失电，或船舶无法正常运转，失去动力，情况严重时还会发生瘫船事故，造成人员伤亡和财产损失。

2. 涉船

船舶在航行过程中，不像在平坦的陆地，受风浪等海上环境影响，随时可能发生横荡、纵荡、艏摇、横摇、纵摇和垂荡，甚至是六种形式的随机组合，呈现出多种复杂的运动形式。船舶柴油机用在船舶之上，更确切地说，柴油机安装在机舱之内，伴随船舶发生摇晃，加之机舱空间狭小，设备庞杂，环境拥挤，进一步增大了柴油机的维修难度，这也对柴油机维修人才培养提出了更高的要求。

3. 涉机

船舶柴油机由机座、机架、气缸套、气缸盖、活塞、连杆、曲轴、主轴承等上万个零部件组成，分为燃烧室组件、动力传递组件和支撑联接组件三大部分，各个零部件有的接触关联，有的遥相配合。同时，船舶柴油机涉及进排气系统、燃油系统、润滑系统、冷却系统、启动系统、操纵系统等工作系统，每个系统的结构组成以及工作原理又各有特点，总体来看，船舶柴油机作为一种内燃机械，空间结构复杂，如果学生缺少机械基础和空间认知，很难搞懂弄通船舶柴油机基础知识，难以进行船舶柴油机维修技术的学习和维修能力的培养。

（二）"三强"特点（见图5-8）

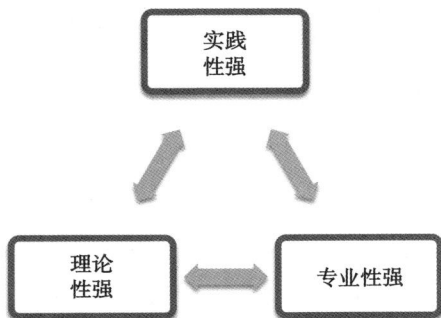

图 5-8 "三强"特点

1. 理论性强

"船舶柴油机维修"课程涉及故障概念认知，包括故障类型、故障模式、故障机理、故障规律、现代船舶维修思想等，需要掌握柴油机零部件的摩擦与磨损、腐蚀、疲劳破坏、变形等四种船舶柴油机常见损伤形式的发生机理。同时，学生还需要熟知震动诊断、噪声分析、油液监测、红外监测等故障诊断技术和修理尺寸法、镶套法、尺寸选配法、局部更换法、换位修理法、镶补法、铆补法、金属扣合法等机械加工方法以及塑性变形修复、电镀修复、热喷涂修复、焊补修复、黏结修复、研磨修复等修复技术。课程内容繁而杂，理论知识多而新，在一个学期内，教师讲懂、学生学懂晦涩的专业概念知识，存在一定难度。

2. 实践性强

在开展"船舶柴油机维修"课程实验实作环节时，学生要熟悉游标卡尺、外径千分尺、内径百分表等常用尺寸测量仪器以及内外径差法、塞尺法、压铅法、百分表法、液压泄漏法等间隙测量方法，会对柴油机进行圆度、圆柱度、同轴度、平行度以及垂直度等几何形状检验。同时，要对柴油机裂纹和内部缺陷进行检验，还要涉及观察法、敲击法、压力试验法、煤油白粉法、荧光探伤法、着色探伤法、磁粉探伤法、涡流探伤法、射线探伤法、超声波探伤法等方法使用。综上所言，"船舶柴油机维修"课程实践性较强，学生需要理解和掌握的操作技能较多。学生要在有限的学时内，通过动手操作和集中训练，学会科学地拆解船舶柴油机，并进行故障诊断、修复以及零部件组装和柴油机装配，及时将理论知识转化为实际技能。

3. 专业性强

船舶柴油机结构复杂，组成零部件较多，且加工精确、配合严格、技术要求高。在进行柴油机故障维修时，需要了解待修柴油机的技术状态，进行加、减速和突加负荷与突卸负荷试验，换向检查，以及柴油机运转情况检查，比如检查燃烧情况、检查冷却与润滑情况、检查工作平稳性情况、检查泄漏情况、检查各重要零部件的连接情况，并对齿轮配合间隙进行测量，对供油、气阀、启动定时进行测定。同时，进行人员组织、工具器材、技术资料的准备等工作。由此可见，"船舶柴油机维修"课程专业性较强，涵盖船舶柴油机维修领域的专业知识，通过课程教学，帮助学生形成专业认知，通晓船舶柴油机维修相关知识，具备胜任第一任职需要的专业技能。

二、金课在"船舶柴油机维修"课程中的标准

金课，即一流课程，金课标准具有"两性一度"（高阶性、创新性、挑战度）特征。"高阶性"即知识能力素质的有机融合，是要培养学生解决复杂问题的综合能力和高级思维。"创新性"即课程内容要反映前沿性和时代性，教学形式呈现先进性和互动性，学习结果具有探究性和个性化。"挑战度"即课程有一定难度，需要跳一跳才能够得着，对教师备课和学生课下有较高要求（见图5-9）。

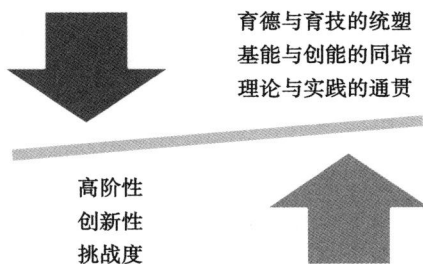

育德与育技的统塑
基能与创能的同培
理论与实践的通贯

高阶性
创新性
挑战度

图5-9 "两性一度"与三"tong"标准

近年来，随着教学改革不断向纵深推进，课程作为人才培养的核心要素，其在人才培养中的作用和地位不断凸显，课程的建设深度和推进力度不断加大，打造"金课"，淘汰"水课"，已经成为广大高校课程建设的共识。针对"船舶柴油机维修"课程特点，立足当前教育形势和人才培养要求，将金课"两性一度"的特征细化为"育德与育技的统（tong）塑、基能与创能的同（tong）培、理论与实践的通（tong）贯"的三"tong"标准。

（一）育德与育技的统塑

教师在制定每次课的教学目标时，不仅要依据人才培养方案和教学大纲为学生"量身制定"知识目标和能力目标，更要依据学生的任职发展需求制定素质目标和思政目标，并在具体的教学实践中，依托多种教学媒介和教学资源，以先进性和互动性的教学形式将知识目标、能力目标、素质目标和思政目标合而为一、合理呈现，在授课内容上做到你中有我，我中有你，在教学效果上达到育德与育技的统塑，实现知识能力素质的有机融合。

（二）基能与创能的同培

通过"船舶柴油机维修"课程学习，学生不仅要全面理解和牢固掌握船

127

舶柴油机维修的基础知识，更要培养学生解决复杂柴油机维修问题的综合能力和高级思维。基于每次授课内容，有针对性地安排与课程内容相关的全球最新技术和一线用人单位正在应用的热门维修技能，做到学生的基础能力和创新能力同步同频培养，确保学生"到岗即用"，打通从"座位"到"工位"的阻碍，缩短从"课堂"到"岗位"的距离，避免出现学校学到的知识，到任职岗位"无用武之地"，或者是学到的为陈旧淘汰的知识，岗位先进维修技能需求不匹配的现象，造成人才和资源的浪费。

（三）理论与实践的通贯

在"船舶柴油机维修"课程学习过程中，既要注重对学生理论知识的灌输，形成扎实的专业基础，又要加强对学生实践动手维修能力的训练，形成熟练的维修操作技能。同时，更要注重在教学过程中，引导学生将学到的理论知识与掌握的实践技能进行融会贯通，以便在后期学习和工作中，遇到新的故障和专业难题时，通过前期掌握的理论和实践技能举一反三、触类旁通，主动靠前想办法、找途径、出举措解决船舶柴油机故障，全面提升个人的综合能力和业务水准。

三、金课"船舶柴油机维修"建设路径（见图 5-10）

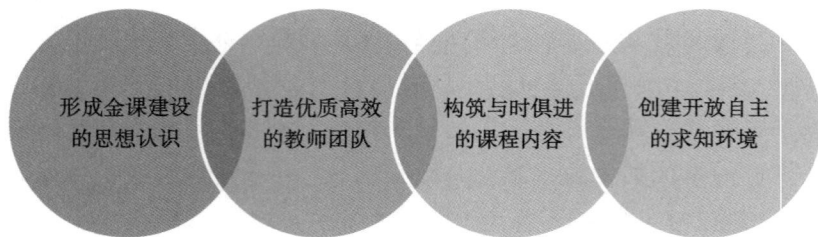

形成金课建设的思想认识　打造优质高效的教师团队　构筑与时俱进的课程内容　创建开放自主的求知环境

图 5-10　金课"船舶柴油机维修"建设路径

（一）形成金课建设的思想认识

思想是行动的先导，要在学校、教师以及学生三个层面同步形成金课建设的思想共识。一是在学校层面，要将课程建设摆在重要位置，积极构建金课建设组织机制、工作机制和激励机制，用制度驱动建设，持续完善教学管理和教学服务，为金课建设"铺路搭桥"。同时，学校出台政策，赋予金课建设成效与论文发表、项目研究或者教学竞赛等同等权值，甚至是更大权值，加大金课建设成效在年度考评中的权重，引导形成建设金课的强大合力。二是在教师层面，教师作为课程建设的主力军，在"船舶柴油机维修"金课建设之初，通过组织参加教学培训、经验交流以及专题研讨等途径，引导"船舶柴油机维修"课程教师深刻领会金课的丰富内涵，吃透把准"育德与育技的统塑、基能与创能的同培、理论与实践的通贯"的三"tong"标准，持续深化教育理念，夯实金课建设的思想根基，激励教师专心研教、潜心治学，主动为"船舶柴油机维修"金课建设强本领、探新路、出实招。三是在学生层面，学生作为课堂教学的主体、课堂学习的主人，在教学的具体实践中、教师的多维引导下，学生要积极参与到课堂教学的每一个环节，主动获取知识、学习技能、掌握方法。同时，学生作为教育的直接接受者、一线亲临者，其评教最能反映课堂教学效果，学生应当及时向教师进行教学成效反馈，辅助教师不断反思整改，确保"船舶柴油机维修"金课建设始终保持在正确轨道，不断提升金课建设成效。

（二）打造优质高效的教师团队

在推动金课建设过程中，要牢牢抓住"教师"这个核心，把教师队伍建设作为提升办学育人成效的重要基础，全力打造优质高效的教师团队。一是在教学能力方面，通过师徒结对、传帮带、跟班跟学等方式，在语言表达、授课技巧、教姿教态等方面进行一对一业务帮带。依托教学基本功集训、专题师资培训等方式，不断为教师补短板、强弱项，夯实书写基本功、课堂语言基本功、教材解读基本功、教学设计基本功以及教学组织基本功等，进一步精湛业务能力，推动"船舶柴油机维修"课程教师团队规范化、专业化建设。二是在课程思政能力方面，教育的根本任务是立德树人，课程思政作为落实立德树人工作的重要抓手，"船舶柴油机维修"课程教师必须是"经师"与"人师"的统一，持续强化师德师风建设，提升课程思政能力，做到以德立身、以德立学、以德施教。在教学过程中，教师要牢牢把握住课堂主渠道、主阵地，立足学科特点，把准"船舶柴油机维修"课程教学目标，充分挖掘不同课程内容中的思政元素，运用学生乐于接受的方式，把课程思政贯穿于教学过程中，使教育充分融入知识学习，实现春风化雨、润物无声的教学效果，达成教书和育人相统一、育德与育技相协同的目标。三是信息技术应用能力方面，21世纪以来，信息技术迅猛发展，正全面改变着知识获取、传播和使用方式，信息技术应用能力作为新时代教师的核心素养，"船舶柴油机维修"课程教师要善于将教育教学与信息技术深度融合，创新教学组织形式、教学内容呈现形式、师生互动形式和考核与评价形式，利用"3R"（AR、VR、MR）等信息技术，将抽象的柴油机维修知识进行直观展示，实现学习内容与虚拟和现实场景的交互，引导学生全面参与教学全过程，提升教学和育人质效。

（三）构筑与时俱进的课程内容

课程内容作为教书育人的直接载体，关乎教师在课堂上教什么、学生学什么，站在培养时代新人的高度和基于金课的标准，在"船舶柴油机维修"课程中，急切构筑与时俱进的课程内容，激发课程内容的育人价值。一是保持课程内容的正确性，青年学生正处于身心发展的关键时期，课程内容必须始终坚持党的教育方针和正确价值导向，"船舶柴油机维修"课程教师要科学、严谨、认真对待课程内容的一字一词、一图一画，通过在课程内容中科学架构教育元素，形成层层递进的思政教育脉络，将立德树人贯穿始终，确保课程内容的正确性和健康性，使课程内容充分发挥培根铸魂、启智增慧功能，引导学生树立正确的世界观、人生观和价值观。二是保持课程内容的先进性。在"船舶柴油机维修"课程内容中，教师要针对每个章节内容，将与维修有关的最新应用、前沿技术融入其中，及时将行业的新知识、新工艺、新规范等引入教学，使学生在课程学习中，既能学到维修的基础知识，又可以了解和掌握最新的维修技术和发展动态，助力学生构建"基础知识+拔尖知识"的知识框架。三是保持内容的实用性，课程内容建立和形成之后，并不是一成不变的，要时刻保持动态性和流动性，对接职业岗位能力和素质要求，及时剔除课程内容中老旧无用的知识，引入适用与实用的课程知识，确使在教学中，教师"教"有效的知识，学生"学"有用的技能，全面培养学生的专业技术、职业技能、创新意识和创新精神。同时，在课程内容中设置一些有深度和挑战度的内容，激发学生的学习兴趣和热情，锻炼和培养学生的可持续发展能力和岗位胜任能力。

（四）创建开放自主的求知环境

叶圣陶先生曾提出："凡为教，目的在达到不需要教。"创建开放自主的求知环境，引导学生从"学会"知识转向"会学"知识，激发学生内在学习动力，从教师"要我学"转变成学生"我要学"、自主学和主动学。一是打造专属维修实验室，针对课程实践性和专业性强的特点，合理规划场地，充分利用院校资源，采购一批先进的维修仪器和设备用于课程教学，方便学生通过课堂操作练习和日常自主训练，及时掌握最新的专业维修技能。同时，不定时开放专属维修实验室，便于学生根据自身学习情况，第一时间固强补弱，循序提升动手操作能力。二是建立专业理论教室，"船舶柴油机维修"课程具有理论强的特点，在传统理论教室的基础上，升级改造成为"船舶柴油机维修"课程专属理论教室。在室内两侧放置不同的柴油机型配件实物，方便学生结合课程内容，对照柴油机内部结构学习柴油机维修知识；在教室后侧放置互联网电脑，当学生遇到专业难题时，便于学生通过网络及时答疑解惑，避免造成问题堆积，失去学习兴趣；在教室墙壁悬挂显示屏，动态更新全球最新柴油机维修技术，拓宽学生的专业视域。三是成立专业兴趣小组，兴趣是最好的老师，根据不同学生特点，按质划分维修专业兴趣小组，通过参与教师科研项目，或是教师定期为学生设置维修专业领域的高阶难题，引导学生采取自研和互研相结合的方式进行探究性和个性化学习，逐步培养学生的创新思维和解决柴油机故障的高阶能力。

金课建设不是一朝一夕之事，"船舶柴油机维修"课程教师务必保持工作定力，紧盯金课标准，按照方法步骤，在形成金课建设的思想共识基础上，培树优质高效教师团队，构筑与时俱进的课程内容，创建开放自主的求知环境，取"他课程"之长，补"己课程"之短，循序渐进推动"船舶柴油机维修"课程高质量发展，持续提升专业人才培养质量。

◆◇ 第五节　课程思政牵引下"轮机概论"课程教学实施

一、课程思政牵引课程实施整体认知

课程思政的"课程"与"思政"，不是简单"课程"加"思政"，把思政课内容直接照搬进专业课程中去，或者把思政元素简单"移植"和粗暴"嫁接"到专业内容上，也不是把思政内容硬生生、冷冰冰地罗列、叠加到专业课程中去。

图5-11　思政牵引课程实施整体认知

课程思政牵引课程实施，是基于课程及其内容特点，选择契合度高的课程思政元素为"牵引绳"，将预讲授的课程内容串联起来，激发学生兴趣、融入思政元素、实现思政教育的同时，顺水推舟式地完成教学内容讲授。既培养学生专业能力，也同步培养学生的科学素养和人文精神，做到传道授业解惑、育人育才的有机统一。

二、课程思政牵引一次教学任务实施示例（船舶轴系概述内容）

根据"轮机概论"课程标准，"船舶轴系概述"内容共分三部分：轴系的任务、轴系的组成、轴系的要求（见图5-12）。

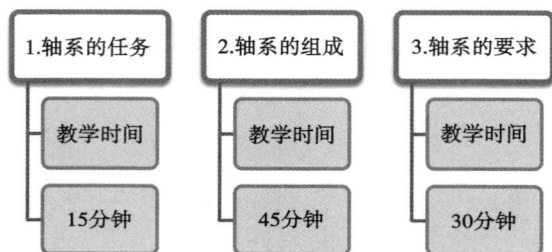

图5-12　教学任务示例

（一）以拔河比赛视频引出第一个教学内容"轴系的任务"

播放拔河运动（比赛）视频，向学生提问："拔河蕴含哪些物理知识和人生哲理？"先由学生回答或讨论，而后由教师进行归纳总结。

拔河是一项团体运动，是力量的竞争，是智慧的较量，是意志的对垒，是精神的角逐。在拔河运动中要想赢得比赛，所有参赛人员必须心往一处想，劲往一处使，把力量汇聚在一根绳上，正如在船舶动力装置中，主机与螺旋桨的"拔河比赛"，也有一根"绳子"，我们称为"轴系"（见图5-13）。

图5-13　教学内容"轴系的任务"

下面开始学习本次教学的第一个内容——轴系的任务。

轴系又称为传动轴系，是船舶主动力装置的基本组成部分。从广义上讲，轴系是指从主机到螺旋桨之间的全套设备。由于这套设备中的齿轮箱、离合器及具有某些特殊功能的联轴节等元件的结构较为复杂，其地位也相当重要，因此从轴系中引出另一个分支，称为传动设备。本节所指的轴系是狭义上的轴系，是指从主机到螺旋桨之间不包括传动设备的全套设备。轴系的主要任务是将主机产生的功率传递给推进器，同时把推进器产生的推力经推力轴承传递给船舶体，以推进船舶运动。

在人生成长的过程中，事实上会有很多的较量，会经历很多不同形式、不同类型的"拔河比赛"，绳子的一头是我们，另一头可能是希望、是梦想，也可能是坎坷、是苦难。要在成长成才的黄金时期不断地增强自己的力量，是希望、是梦想，就把它们拉起来，带着希望和梦想去飞，去开启人生新征程；是坎坷和苦难，就把它们拉倒，当成垫脚石踏过去，继续在人生征途上去追梦逐梦，开启新篇章。

（二）以"拔河比赛人员组成"引出第二个教学内容"轴系的组成"

在拔河比赛中，一般为 8~20 人不等，参赛人数由比赛组委会设定。在参赛人员中，一般分为"头绳""中轴""锚人"三个重要部分，被称为队伍的命脉。其中，排在队伍最前面的称为"头绳"，是整个队伍的眼，感知着对手的变化和节奏，一般是心理素质好、体格强壮且技术出色的队员；"中轴"，也称为"第四绳"，主要起到协调作用，起绳的时候，一般"中轴"位置人员首先起身；最后尾部人员叫作"锚人"，也称"尾绳"，掌控着全队的稳定性，通常是由最重且肌肉发达的队员担任这个重要角色，起到"定海神针"的压阵作用。由此可以看出，拔河比赛中，每个人都承担着不同的职责，发挥着不同的作用，轴系的组成部分和拔河比赛的参赛人员一样，每个组成部分，也发挥着不同功用，以维持船舶的高效运转，下面开始讲授第二个教学内容——轴系的组成。

轴系一般由传动轴、连接设备、支撑设备、密封装置以及刹轴器和转轴装置等五部分组成。

1. 传动轴

传动轴是轴系的主体。船舶轴系一般较长，为了加工、制造、运输、拆装的方便，往往把它分成几段，并用联轴器连接起来，形成一个整体的传动轴。根据各轴段的功用和所处位置不同，由前向后一般可分为推力轴、中间轴、艉轴等。

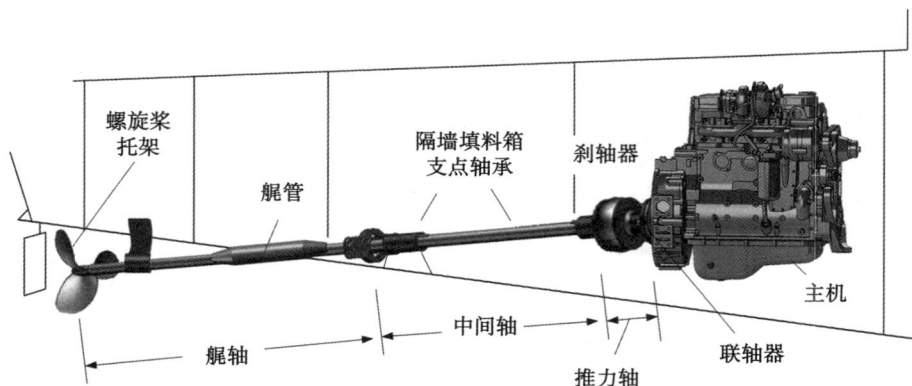

图 5-14 轴系的组成

图 5-15 传动轴的组成

2. 连接设备

两根轴段之间要连接在一起才能传递转矩和推力，为此必须要设置联轴器。联轴器的功用是将两根轴段，或主机与传动轴，或传动设备（如离合器）与传动轴连接在一起形成整体。

还有一种连接设备叫接合器，与联轴器类似。在有些直接传动主动力装置的轴系中，为了能使主机与轴系在静止状态下较迅速地接合或分离以满足空车暖机或修理后的空车试运转等要求，在主机后端设置了接合器。也有的设置离合器，它能在运转情况下迅速地接合或分离，离合器归入传动设备中。

3. 支撑设备

要使轴系能正常运转，必须要设置支撑设备，即轴承。它的功用是将轴系支撑起来，承受轴的重量及螺旋桨产生的轴向推力。按工作位置或功用不同，轴承可分为四种：推力轴承、支点轴承、艉管轴承和托架轴承。

4. 密封装置

为了保证艉轴穿过船舶体进入水中处的水密性以及传动轴穿过水密隔墙处

的水密性，需要在这些场所设置密封装置。前者与艉管构成一个整体，称为艉管装置；后者单独地设置在水密隔墙上，称为隔墙填料箱。

5. 刹轴器和转轴装置

为了在必要时不让轴系转动，以减少不必要的磨损或避免对主机、轴系进行抢修，通常在轴系中装有刹轴器。刹轴器一般分为两类：一类是非自动的，由人力刹住或松开；另一类是自动的，通常还与主机操纵系统连锁在一起以提高机动性。在日常维护中需要慢速转动轴系时，则要设置转轴装置。转轴装置主要是指盘车机，它一般与主机的盘车装置合成一体。

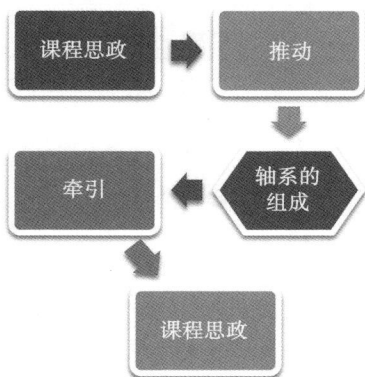

图 516　课程思政牵引轴系的组成教学实施

学生到任职岗位后，不可能"单打独斗"，一个人"独来独往"，需要与周围的同事或者团队密切配合，共同把工作做好、做出成绩。在一项与他人配合完成的工作中，无论是拔河比赛的"头绳""中轴""锚人"，还是船舶轴系中的"传动轴""连接设备""支撑设备""密封装置""刹轴器和转轴装置"，都要正确认清自己的定位，不遗余力地把属于自己的本职工作做到极致，为团队取得胜利贡献出力量。以此放眼整个社会，只要每个人在自己的本职岗位上兢兢业业工作、勤勤恳恳付出，祖国的明天必将更加美好。

（三）以"拔河比赛人员的选择"引出第三个教学内容"轴系的要求"

在拔河比赛中，不是每个人都可以充当参赛人员，一般以力量大、体重沉、重心低、下盘稳为标准进行选人，就像不是所有的材料和设备都可以充当轴系的组成部分，现在开始讲授第三个教学内容——轴系的要求。

轴系各元件的数量和位置的确定不是随意的，而是取决于能否很好地完成轴系的使命。一般来说，轴系应满足以下各项要求：具有足够的强度；尽可能小的摩擦以获得高的传动效率和长的工作寿命；在工作范围内不存在各种共振转速；能适应船舶体的变形；能有效地防止海水对艉轴的腐蚀；在艉管和轴系穿过水密隔墙处有可靠的密封防漏措施；尽可能小的重量尺寸；便于制造、便于拆装和日常维护检修等。

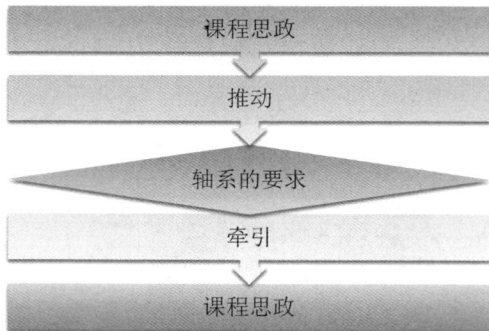

图 5-17　课程思政牵引轴系的要求实施

在成长过程中，我们会参加人生不同阶段的"拔河比赛"。也许因为我们自身能力原因，不能被选为团队成员，不能成为同辈中"优秀的人"，但不要气馁，不要灰心，更不能自暴自弃、一蹶不振；不能碰到矛盾就畏缩不前，遇到挫折就打退堂鼓。要正视自己的不足，见贤思齐，不断利用点滴时间给自己充电补能，在下一阶段遇到一个更强大的自己，使自己有能力、有信心充当下一阶段"拔河比赛"的成员。

如果此次人生阶段的"拔河比赛"有幸成为队员，更要保持平常心态，树立正确的成败观，不骄不躁，脚踏实地地做好自己的工作，为不断取得人生"拔河比赛"的胜利源源不断贡献出自己的力量。

◆◇ 第六节　"船舶动力装置"课程案例教学改革实施

船舶动力装置是轮机工程专业的主干课程，与学生的任职岗位具有密切的关系，其实践性和实用性非常强。通过本课程的学习，学生可以了解动力装置的组成和特点，理解动力装置的结构原理，掌握动力装置的操作、使用与管理方法，为履行船舶轮机岗位职责打下良好的基础。

案例式教学是指以特定事件作为案例素材，在教学过程中根据教学目标的要求，让学生对案例进行分析讨论，从而解决特定的问题，主要培养学生科学运用理论知识解决实际问题的能力。在实际教学过程中，如果仅仅通过传统的集中式理论讲授来进行专业课程教学，学生往往只是掌握了基本理论和基础知识，而未能深入理解船舶动力装置在船舶行业中的实际应用，因此，在轮机员岗位上就不能结合实际灵活运用。为提高该课程教学质量，结合实践案例，探索了案例教学改革研究，着重在分析船舶动力装置故障的形成原因、排除方法、预防措施和经验教训方面下功夫，以此加深对课程内容的理解和掌握，提高学习效果。

一、案例教学的组织

案例教学的组织实施一般包含案例准备、教学准备、教学组织、分析研讨、教师点评等步骤。（见图 5-18）

图 5-18 案例教学的步骤

（一）案例准备

实践案例是指案例来源于实践，是在实践过程中真实发生或者真实存在的事件。实践案例的选取要围绕课程重要的知识点进行，来源一定要正规权威，要引用官方数据。一般来说，可以查阅权威的网站或者工具书，以及通过实地调研获取。在选取实践案例时，要注意以下几点：一是案例的真实性，应当选择真实案例而不是虚构的或者杜撰的案例；二是案例的丰富性，案例素材的类型要丰富多样，案例素材可以依据最新社会热点或者事件进行选取，形式可以多样，包括视频、图片、调查报告等，让学生对案例进行充分讨论与分析，培养学生分析问题和解决问题的能力；三是案例的相关性，案例同课程的重要知识点要有联系，同时将理论和实际紧密结合，满足教学目标需求；四是案例的典型性，案例要具有代表性，对案例进行分析讨论，要能达到对同类问题触类旁通的效果；五是案例的讨论性，案例不能太简单，能够引出相关问题，适合讨论甚至质疑、争辩，能够充分调动学生参与的积极性和热情。

（二）教学准备

教师在备课时，要预先根据案例内容以及所涉及的理论知识，设计好相关问题，将案例及相关问题融入教案，并抓好切入点。在正式上课前，将学生进行分组，每组 4~5 人，选定 1 人担任组长。案例提前一周左右发放，让小组进行充分讨论，为开展分析研讨做好准备。

（三）教学组织

在正式上课时，根据各小组的准备情况，随机抽取其中一组，由组长或指定人进行主汇报，其他人进行补充，没有抽到的组给汇报组打分，计入平时成绩。在讨论案例时，可以让组内成员分别扮演不同的角色，可以是轮机长，可以是轮机员，也可以是机工、水手等，站在不同的角度对案例进行充分的分析与交流。

（四）分析研讨

在案例教学过程中，案例分析及讨论是开展教学的关键环节。在该环节中教师要做好引导，学生就案例中出现的问题进行思考，进而分析与讨论，最后进行判断与决策。学生在讨论的过程中，由于受到知识面的理解限制，对案例的分析和讨论可能会偏离船舶动力装置的相应知识点，此时教师需要及时结合具体分析和讨论结果进行纠正，让学生讨论焦点主要围绕所学习的动力装置知识点进行。

（五）教师点评

学生分析讨论结束后，授课教师要对学生的讨论情况进行点评。一方面要充分肯定学生的分析结果，激励学生踊跃参与讨论；另一方面，教师对案例所反映的理论知识、涉及的实际问题要提出解决的思路与方法，并且结合教材进行串讲，深入挖掘案例所反问题的本质，培养学生的发散思维。

二、案例教学实践

（一）动力装置类型和特点

在讲述动力装置的类型时，主要要求学生了解目前主要船舶所采用的动力装置类型，进一步理解动力装置的工作原理。将目前世界各国的主要船型进行收集，并列举它们所采用的动力装置的类型，做成图片展示集和小视频，作为案例素材。然后再以问题为导向，开展分组的分析讨论。以"为什么绝大数船舶使用了柴油机动力装置？""核动力装置为什么适合航母和潜艇？""联合动力有哪类类型？" 3 个问题为切入点，让学生分组讨论。实践证明，通过案例教学，学生参与讨论的积极性大幅改观，在各类型动力装置之间的特点比较和

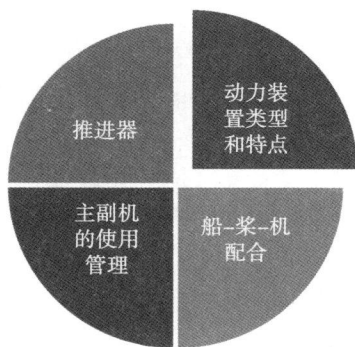

图 5-19 案例教学实践

动力装置的传动形式上取得了良好的效果。

（二）船-桨-机配合

在动力装置的使用管理教学环节，讲述了船-桨-机的配合特性，引用了以下案例：某船采用了四机四桨配置。该船在海上高速航行，因前方出现情况，该船需要倒航，并计划利用螺旋桨反转来产生拉力达到快速制动，缩短倒航时间。该船在实际操作时，第一台推到倒车位置的主机出现了熄火现象，后面三台主机正常。熄火的主机重新启动后，推到倒车位置正常，最终该船成功实现了倒航的预期目标。事后，该船对主机熄火问题进行了总结，并提出了如何避免主机熄火的办法。通过该案例教学，解决了一个核心问题"如何选择合理的倒车时机？"取得了预期的教学目标。

（三）主副机的使用管理

在动力装置课程教学中，主机和副机是最重要的原动机，在这部分课程内容教学时，主要是从主机或副机的日常使用管理角度进行讲解，目标是提高使用管理水平。在编写案例时，集中从一线单位收集了实际使用过程中出现的故障案例，然后进行汇编，融入教学过程中。比如以下案例：某船副机型号为6135 型柴油机，在运转时，工作人员发现淡水温度有一定程度的偏高，但淡水压力正常，淡水泵正常运转。于是决定对淡水冷却器进行维护。在拆下淡水冷却器的端盖后，取出了冷却管束，发现较脏，进行了清洗，然后装复。装复后，启动副机发现膨胀水箱检查口大量往外冒水，停机后，冒水也停止。再次启动后，膨胀水箱依然大量往外冒水。但在此次维护之前，副机无此种现象。

该案例教学具有一定的综合性，涉及传热学的基本知识、影响传热的主要因素、换热器的结构原理、柴油机冷却系统的组成原理、泵的工作原理等，是一个包含专业基础、柴油机、辅助机械等在内的综合案例，在分析案例之前必须进行理论知识的准备，可以采取集中授课和自学预习的方式进行。然后围绕"柴油机冷却水温度偏高的原因有哪些？""淡水冷却器装复后膨胀水箱大量冒水的原因是什么？"等问题，进行分组讨论。最后提出问题发生的最终原因，并研究提出解决措施。该案例教学能够较好地培养学生分析问题和解决问题的能力，教师还可以在最后进行总结讲评，并就同类机电设备进行维护时提出注意要点。

（四）推进器

在推进器的教学环节中，主要针对螺旋桨结构参数、适配、噪声和配合等内容，讲述了螺旋桨的分类、结构原理、安全运转与管理等方面的内容。螺旋桨作为推进系统的重要部件，起到产生推力的重要作用。特别是螺旋桨经过长时间运转，各桨叶的腐蚀、磨损、变形情况不同，各桨叶的尺寸和质量会产生不同的变化，进而影响螺旋桨的平衡性。

授课时引入了如下案例：某船实际采用双桨推进，随着服役年限变长，左桨轴系振动现象日趋明显。轮机长首先怀疑这是由后传动设备松动或配合间隙不当引起的，多次组织人员对相关轴承和联轴节的装配问题进行检修。多次检修后，主机启动运行时轴系振动依然存在，转速较高时甚至引起船体剧烈振动，极有可能造成轴系和船体损坏，无法通过检修轴系彻底解决该现象。

本案例研究涉及螺旋桨理论知识和振动学基本知识，实作过程涵盖螺旋桨桨叶缺陷处理工艺、螺旋桨螺距检验、静平衡试验等，是一个螺旋桨推进的针对性案例。在分析案例之前必须进行理论知识的准备和实作流程讲解，可采取集中授课或者预习自学的方式进行。以"引起柴油机轴系振动的原因有哪些？""什么因素会导致螺旋桨的不平衡运转，螺旋桨的不平衡运转会带来哪些危害？""桨叶表面的缺陷分布区域怎么划分，不同缺陷可采用什么修复工艺？"3个问题为导向，展开分组学习研讨，明确发生的原因，以及采取哪些处理措施等，该案例教学对学生掌握螺旋桨的运行管理内容教学效果较好。

三、开展案例教学的关注点

国内外高校教学经验证明，积极运用案例教学法，能够激发学习兴趣、培养创新思维、提高自主学习的能力。尽管关于案例教学的定义各有差异，但"案例"在教学中的关键作用是肯定的。通过开展基于实践案例的"船舶动力装置"课程教学，发现有以下几个需要关注的地方。

其一，开展基于实践案例的课堂教学，不仅仅是一种教学方式方法的改变，也是教学内容的改革，具有较强的针对性、实践性和互动性。因此，除了教学环节需要改革之外，更主要的是教学内容的改革，需要有案例库的支撑。可以在主教材之外，编写案例库等作为案例教学的辅助材料，并进行定期更新，调整充实案例库，尤其是要把行业应用中的新装备、新技术等及时纳入案例库。

其二，案例教学和传统的教师讲授是互为补充的关系，并不是替代关系。在实施案例教学时，一般利用 15～20 分钟进行理论知识的集中讲授，目的在于做好理论知识的储备，为开展分析讨论奠定基础。

其三，教学过程中的关键环节是案例研讨。作为教师，主要是要做好"组织讨论"和"分析总结"工作。要注重引导学生，让学生适应讨论与思考的教学方式，注重案例研讨的有效性，保证话题不离题、不跑偏。教师及时分析总结是案例研讨不可缺少的环节，主要是帮助学生解决案例研讨过程中的疑难问题，加深对案例的理解，从而从案例中得到启发，掌握基本概念和基本方法。

其四，案例研讨的结果要与平时形成性考核相结合，充分提升学生参与的积极性。建立一套案例分析讨论的考核评价办法，以参与次数、汇报效果、点评、竞争性回答问题等多个方面进行综合评分，同时还可以采取小组互评的方式进行评分，最后以一定比例计算总分，确保评价的科学性和合理性。

参考文献

[1]　藤宪斌.轮机工程专业导论[M].哈尔滨:哈尔滨工业大学出版社 2023.

[2]　甘念重.船舶轮机工程专业实践教学改革的探讨[J].交通高教研究,2001
(3).

[3]　李长伦,隋江华.航海类轮机工程专业实验室科学管理及实践教学改革
[J].天津航海,2017(3):58-59.

[4]　王永洲,李雷斌.基于系统工程理论的轮机工程专业实践教学研究[J].船
海工程,2012(6):146-151.

[5]　秦红燕,石靖,赖琼玲.提升院校实战化教学能力的思考[J].继续教育,
2018(10):40-41.

[6]　仇大志."育鲲"号轮机工程专业认识实习教学初探[J].航海教育研究,
2010(3):51-52.

[7]　余长春.基于新规则的轮机工程技术专业实践教学探究[J].中国高新区,
2017(24):58-59.

[8]　姜丙坤,季新杰.任职院校实战化教学存在问题及对策建议[J].学周刊,
2018(3):10-11.

[9]　黄若川,轮机工程技术专业实践教学创新研究[J].现代国企研究,2018
(6):144.

[10]　陈冬梅,李振方,吴仁烨,等."新农科"背景下以深度学习为导向的耕作
学混合式教学设计与实践[J].高校生物学教学研究,2020(2):20-27.

[11]　苏红旗,朱红.关于虚拟实验室建设的思考与探讨[J].科技创新导报,
2020(1):31.

[12]　陆金铭.轮机工程专业的工程教育模式[J].教育教学论坛,2018(39):32-
34.

[13]　布景辉,邢辉,魏一.综合性海事院校轮机工程专业实践教学改革探索

[J].航海教育研究,2018(1):31-36.

[14] 杨莉莉,梁国强,万兵.理实一体化专业教室建设的探索研究[J].教育教学论坛,2018(1):127-129.

[15] 高英敏.高职院校理实一体专业教室建设的探讨[J].科技信息,2010(10):207-208.

[16] 孙婧,杨炳恒,黄葵,等.探讨理实一体化专业教室的建设[J].科技视界,2015(16):113-114.

[17] 何朝辉.浅谈专业教室文化[J].学周刊,2017(35):164-165.

[18] 陈贻茂.工学结合一体化信息互动教室的设计[J].办公自动化,2017(23):27-29.

[19] 陈学军.浅谈"教为主导,学为主体"的教学策略[J].学周刊,2016(27):63-64.

[20] 胡华忠."课程思政"的价值意蕴、理念内涵和实现路径[J].中国高等教育,2022(6):10-12.

[21] 王学俭,石岩.新时代课程思政的内涵、特点、难点及应对策略[J].新疆师范大学学报(哲学社会科学版),2020,41(2):50-58.

[22] 金雅兰.让红色基因代代相传[N].解放军报,2022-09-19(6).

[23] 王维轩.红色基因究竟"红"在哪[N].学习时报,2018-08-08(4).

[24] 曲金良.海洋文化概论[M].青岛:青岛海洋大学出版社,1999.